Kopenhaga

Grzegorz Wróblewski

translated from Polish by
Piotr Gwiazda

ZEPHYR PRESS
Brookline, MA

Polish Copyright © 2013 by Grzegorz Wróblewski

English Translation and Introduction Copyright © 2013 by Piotr Gwiazda

Cover photograph taken in Copenhagen by Wojciech Wilczyk

Author photograph by Torben Dalhof

Book design by *type*slowly

Printed in Michigan by Cushing-Malloy Inc.

Zephyr Press acknowledges with gratitude the financial support
of the Massachusetts Cultural Council.

massculturalcouncil.org

Zephyr Press, a non-profit arts and education 501(c)(3) organization,
publishes literary titles that foster a deeper understanding of cultures
and languages. Zephyr Press books are distributed to the trade in the U.S.
and Canada by Consortium Book Sales and Distribution [www.cbsd.com]
and by Small Press Distribution [www.spdbooks.org].

Cataloguing-in publication data is available from the Library of Congress.

ISBN 978-1-938890-00-0

98765432 first edition in 2013

ZEPHYR PRESS
50 Kenwood Street
Brookline, MA 02446
www.zephyrpress.org

Table of Contents

The Beleaguered Mind

> In my case, it is (was) like crossing from one side of the street to the other. The world thinks in terms of clans/communities. Global clans. Globalism doesn't pacify nationalisms. (The luxury of being a passenger—the dream of every emigr*ant*.)
>
> Grzegorz Wróblewski, "Emigration" (2007)

Born in 1962, Polish poet, playwright, and visual artist Grzegorz Wróblewski has lived in Copenhagen since 1985, "far from Poland and far from Denmark" (in his own phrase). *Kopenhaga*, a collection of prose poems based on his experiences as an emigrant, was published in Poland in 2000. A second, greatly expanded edition appeared in Polish bookstores ten years later as *Pomyłka Marcina Lutra* (*Martin Luther's Error*). One of the most distinct literary voices of his generation, Wróblewski regularly publishes his work in English translation. His poems have been featured in many journals in Europe, North America, and Australia, and included in two anthologies of contemporary Polish poetry *Altered State* (2003) and *Carnivorous Boy Carnivorous Bird* (2004). He has also published three chapbooks and two full-length poetry collections, *Our Flying Objects* (2007) and *A Marzipan Factory* (2010). However, until now few of his prose poems—perhaps the most unique and personal portion of his oeuvre—have been made available to English-speaking audiences.

Wróblewski at once exemplifies and complicates the notion of an émigré writer introduced by Joseph Brodsky in "The Condition We Call 'Exile.'" In his 1987 essay Brodsky describes the émigré writer as a person who perpetually looks backward and as a result fails "to deal with the realities of the present or uncertainties of the future." Like Brodsky's typical writer in exile, Wróblewski clings to what is most important to him, his native language, which has suddenly turned from being his "sword" into his "shield." His lyric narrator in *Kopenhaga* seems to be in a state of permanent disquiet; he is vulnerable, anxious, self-estranged. We observe his tendency for psychological extremes, his morbid fascination with death and decay, his crippling paranoia and "cosmic loneliness." But Wróblewski's self-imposed exile in Copenhagen, which continues to this day, can also be regarded as a kind of metaphysical luxury. By leaving Poland in his early twenties (a decision he once compared to simply crossing a street) Wróblewski distanced himself from Poland's insular traditions and national complexes. He deliberately destined himself to a life between two societies, two cultures, two languages—which can be an advantageous position to a writer. As these raw autobiographical notations make clear, exile can produce a duality of vision, a freedom to reinvent oneself.

In *Kopenhaga* Wróblewski combines two tropes: the emigrant's double identity and the ethnographer's search for patterns. The book captures Wróblewski's disorientation in a society that seems to him foreign, even exotic, as well as his first attempts at comparative analysis. As Polish critic Anna Kałuża says, "Wróblewski seeks to observe and interpret the 'overlap' between cultures . . . Out of the various settings (beach, reading room, public spaces, private apartments, schools) and the various habits, obsessions, idiosyncrasies, prejudices, ceremonies, daily rituals, ways of spending free time, attitudes toward work, religion, and other cultures, etc. Wróblewski constructs a tale about his chosen corner of the Earth." However, it doesn't take us long to realize that Wróblewski's "tale," while ostensibly focused on Denmark, also functions as an investigation of *alterity* in the post-cold war era of ethnic strife and global capitalism. Whether he writes about refugees in Copenhagen (one of Europe's major transnational cities), or the homeless, or the mentally ill, or any other marginalized group, Wróblewski points to the moral contradictions of a world supposedly without borders. The home of Søren Kierkegaard, Niels Bohr, and Dexter Gordon—icons of modern sensibility referenced in the volume—Copenhagen is a place very much of our moment yet already, somehow, a museum. The site of the *Jyllands-Posten* Muhammad cartoons controversy in 2005, and of the failed climate change summit in 2009, it is a synecdoche for what Zygmunt Bauman (another Polish émigré writer) calls "liquid modern society."

Guided by his ethnographic framework, in *Kopenhaga* Wróblewski offers a series of vignettes from the crossroads of politics and culture, technology and ethics, consumerism and spirituality at this particular stage of human evolution. His findings are rather disturbing. Somewhat like the anthropomorphic figures in Wróblewski's paintings, the characters featured in this book (including the speaker) seem damaged, deformed, beleaguered by the world around them: "What terrifies me is *homo sapiens*." But *Kopenhaga* is motivated to an equal degree by artistic detachment and sociological curiosity. For all its expressionistic tendencies and surreal overtones, there is a documentary clarity to this volume, an effort to capture the smell, the taste, the texture of contemporary life—what William Carlos Williams called "lifting to the imagination those things which lie under the direct scrutiny of the senses, close to the nose." There is a great deal of intellectual rigor and artistic polemic rooted in the very acts of close observation and careful listening. Wróblewski's commitment to sincerity and attention to empirical data link him to the objectivist tradition in U.S. poetry, especially Williams and Charles Reznikoff. The mixture of pathos and humor in his writings suggests parallels with the urban-centered poetry of Bob Kaufman, Charles Bukowski, and Ron Padgett. A member of Poland's literary avant-garde for over twenty-five years (albeit at a distance), in *Kopenhaga* Wróblewski enters into dialogue with key figures of modern and postmodern poetics.

A few words about the translation process. This book consists of the entirety of the first edition of *Kopenhaga* (2000), as well as of several texts written in the course of the last decade and included in *Pomyłka Marcina Lutra* (2010). This means that in terms of its structure my translation differs substantially from the Polish original; in fact, strictly speaking it has no Polish original but is a unique, collaboratively produced fusion of the two editions. Although critics and reviewers in Poland describe these writings as "poetic prose" or "experimental prose," I prefer to call them "prose poems." In my view, *Kopenhaga* exhibits the major characteristics of the prose poem genre: thematic cohesion (with a focus on the self's interaction with the world), musicality, immediacy, brevity, serial construction. These features assist Wróblewski in conveying the tragicomic sensibility of his persona, the "lyrical movements of the soul, undulations of reverie, the flip flops of consciousness," as Charles Baudelaire said of his own experiments with the prose poem in *Paris Spleen* (in Keith Waldrop's translation). Due to differences between Polish and English linguistic conventions, on several occasions I adjusted punctuation and typography, sentence and paragraph length, but in doing so I hope to have highlighted, rather than obscured, the tonal and rhythmic effects found in the Polish version.

Like most translators, while converting *Kopenhaga* into English I tried to produce in the new language the closest natural equivalent of the meaning and style of the original text. Even so, like most translators, I often found myself confronting aspects of the original text that

[x]

remained stubbornly untranslatable—I mean interjections (which Roman Jakobson called the "purely emotive stratum in language"), idiomatic and onomatopoeic expressions, clichés, puns. For example, my translation of the phrase "Ołowiany tornister duńskiego narodu" (p. 34) only partly succeeds in reproducing Wróblewski's brilliant reworking of the common Polish metaphor—the literal rendering would have been "Danish nation's lead satchel." I was also eventually unable to fully convey the double meaning of "pieczony kurczak przeistacza się szybko w różowego pawika" (p. 132)—in Polish "paw" refers to "peacock" but also, in a slang phrase, to the act of vomiting. Some problems of equivalence were of a different order. *Kopenhaga* is a linguistically heterogeneous text; next to Polish, it includes words and sentences from Danish, German, Spanish, Italian, and especially English. When encountering passages written in other languages, I followed the standard practice of changing the typeface, using caps and quotation marks (depending on the context) to set them apart from the Polish text. But even that strategy, especially when applied to words and sentences in English, could only go so far in duplicating, at the textural as well as textual level, these deliberately *self-foreignizing* aspects in the original version. Such challenges are exactly what makes the practice of translation so exhilarating, but they also remind us of the extremely delicate and violent nature of the operation.

Lastly, readers will no doubt notice that I have taken a minimalistic approach to annotation. A highly allusive text, *Kopenhaga* includes many references to Danish locations and personages (Assistens Cemetery, Damhus Tivoli, Christianshavn, Prime Minister Poul Nyrup Rasmussen, Queen Margrethe II) as well as to some Polish ones, all of which serve as contexts for Wróblewski's comparison of places and people. But even if some of these references demand elucidation, the difficulty this poses is merely *contingent*—the most common and most easily resolved kind of difficulty according to George Steiner, which simply entails looking things up in a dictionary or encyclopedia. And the practice of looking things up has changed considerably since the year Steiner published his celebrated essay on difficulty (1978). In some respects *Kopenhaga* portrays the advent of the digital era—its new structures of knowledge, its new notions of what it means to be and act in the world. (A couple of poems in the volume actually include links to popular websites.) Besides practical considerations, then, my goal was to underscore the transnational and transcultural nature of Wróblewski's text. For example, there are several discreet tributes to émigré writers, artists, and intellectuals in *Kopenhaga*, including Ignacy Wieniewski (a Polish literary historian, essayist, and translator who settled in London after World War II), Stefan Themerson (an experimental Polish writer who also spent most of his creative life in London), and Jonas Mekas (a Lithuanian-born American filmmaker). But I felt that it would be more effective to have the readers of *Kopenhaga* arrive at such discoveries on their own; I did not want them to rely on the safety net of a footnote, however judiciously chosen. Leaving the multiple allusions and references in *Kopenhaga* largely unglossed seemed to me a good way of preserving, as Schleiermacher recommended two centuries ago, a foreign element in the translated work.

Piotr Gwiazda

Kopenhaga

Skąd jesteś? Skąd jesteś? Hvor kommer du fra? Najczęstsze pytanie, kopenhaski stardard. *Skąd pochodzisz? Ile czasu tu mieszkasz? Hvor kommer du fra?* Pytanie zadawane w taksówkach i w pakistańskich warzywniakach. Na ulicy, w tajlandzkim salonie masażu, podczas snu i na jawie. *Hvor kommer du fra?* Bez względu na kolor skóry i zawartość portfela. *Hvor kommer du fra?*

Metodą jest udawanie niemowy. Albo – tak zrobił Steve – ucieczka do źródeł, czyli do swojego ojczystego języka. Steve pochodzi z Londynu. Po 20 latach pobytu w Kopenhadze (żona – dwumetrowa Dunka, teść pracujący w Carlsbergu, na ścianach flagi z białym krzyżem itd.), po 20 latach cierpliwego odpowiadania na pytanie *Hvor kommer du fra?*, Steve się jednak złamał. Mówi teraz tylko londyńskim slangiem. I nikt go w końcu nie rozumie. Nikt nie stara się go zrozumieć. Steve jest wreszcie wolnym człowiekiem. Zazdroszczę mu. (Żadnych nieporozumień, żadnych pytań o uzębienie królowej Elżbiety!) Zaimponował mi i chyba niedługo uczynię to samo. Zacznę się "komunikować" w języku Dolnego Mokotowa. Bez względu na to, czy uda mi się kupić pomidory *Hvor kommer du fra?* – podjechać taksówką *Skąd jesteś? Hvor kommer du fra?* – odwiedzić burdel *Skąd jesteś?* – na Vesterbro – *Hvor kommer du fra???*

Niezbędne wyjaśnienie: Polscy patrioci (mieszkający w Danii od wieków lub tylko od kilku sezonów), osobnicy wiedzący absolutnie wszystko o tutejszych niuansach i obyczajach, twierdzą, iż pytanie *Hvor kommer du fra?* jest dowodem na życzliwość Duńczyków. Dowodem na ich chęć pomocy (nawet gdy się takiej pomocy nie potrzebuje), bo przecież język duński zbyt trudny, trzeba więc sprawę od razu konkretnie i racjonalnie. Dystans jest ponoć zdrowy. Precz z wylewnością obcych, mentalnie niezorganizowanych narodów! *Skąd jesteś? Hvor kommer du fra? Od ilu lat tu mieszkasz?*

Dlaczego Lech Wałęsa przestał nosić flanelowe koszule? No właśnie.

* * *

"Where are you from?" "Where are you from?" "Hvor kommer du fra?" The most common question, by Copenhagen standards. "Where did you come from?" "How long have you lived here?" "Hvor kommer du fra?" The question asked in taxis and at Pakistani vegetable stands. On the street, in the Thai massage parlor, when asleep, when awake. "Hvor kommer du fra?" Regardless of your skin color and the contents of your wallet. "Hvor kommer du fra?"

The best strategy is to feign muteness. Or – as Steve did – to retreat to your roots, your native language. Steve is from London. After twenty years in Copenhagen (wife – a six-foot Dane, father-in-law works at Carlsberg, apartment walls draped with flags with a white cross, etc.), after twenty years of patiently answering the question "Hvor kommer du fra?" Steve finally broke down. These days he only speaks London slang. And no one understands him anymore. No one even tries to understand him. At last Steve is a free man. I envy him. (No confusion, no questions about Queen Elizabeth's teeth.) I'm so impressed I'll probably soon follow his example. I'll start to "communicate" in the language of Dolny Mokotów.* Whether I manage to buy tomatoes or not – "Hvor kommer du fra?" – or take a taxi – "Where are you from?" "Hvor kommer du fra?" – visit a brothel – "Where are you from?" – or go to Vesterbro – "Hvor kommer du fra???"

Necessary explanation: Polish patriots (who have lived in Denmark for centuries or only a few seasons), individuals who know absolutely everything about the local nuances and customs, insist that the question "Hvor kommer du fra?" is proof of the kindness of the Danes. Proof of their willingness to assist you (even if you don't need assistance). After all the Danish language is hard to learn. Better to be specific and practical from the start. To keep a healthy distance. Down with the effusiveness of foreign, mentally disorganized nations! "Where are you from?" "Hvor kommer du fra?" "How many years have you lived here?"

"Why does Lech Wałęsa no longer wear flannel shirts?" Exactly.

*A neighborhood in Warsaw where the author grew up.

[3]

Wszyscy wiedzą wszystko. Genialny Jack Kerouac! To prawda: *Wszyscy wiedzą wszystko.* W Kopenhadze spotykam niekiedy dwóch fachowców od nieśmiertelnej duszy i śmiertelnego ciała. Fachowców od przemytu, religii i światowej literatury. Pan Bendsen pochodzi z Aalborga (przemysł maszynowy, stoczniowy, cementowy; hutnictwo żelaza; późnogotycki kościół), natomiast pan Kowalski z egzotycznego Rzeszowa (odkurzacze, froterki, wentylatory; ślady osadnictwa od neolitu). Obecnie mieszkają w Kopenhadze. Pan Bendsen zgadza się w zupełności z panem Kowalskim i obydwaj bardzo się troszczą o przyszłość Grzegorza Wróblewskiego. Oto jakich profesjonalnych rad zazwyczaj mu udzielają:

Pan Bendsen: *Przestań pić, a pozbędziesz się z miejsca fałszywych przyjaciół. Wzmocni ci się serce i dostaniesz w końcu upragnionego wzwodu.*

Pan Kowalski: *Odkryjesz na nowo fascynujący świat zwierząt, zaczniesz podziwiać pająki, a starzy ludzie wydadzą ci się subtelni i pełni mądrości.*

Pan Bendsen: *Będziesz mógł sięgnąć po skomplikowane księżki: polubisz* Ogrody zenu *A.K. Davidsona i zrozumiesz, dlaczego Klemens VII rozpoczął wojnę z Hiszpanią.*

Pan Kowalski: *Wkroczysz na nową drogę. Oddalisz od siebie strach przed śmiercią i nieuleczalną chorobą. Może zaczniesz nawet wygrywać w szachy?*

Pan Bendsen & Pan Kowalski (chórem): *Będziesz mógł pozwolić sobie na własne dziecko. Przestań pić!* – powiesz mu, gdy kończyć się będzie życie i usłyszysz pierwsze dzwonki Pana.

A potem? Pan Bendsen (nałogowy palacz) idzie się "przewietrzyć" i wraca po kilkunastu minutach z siatką pełną lodowatego HOFA (czyli Carlberga). Pan Kowalski decyduje się natomiast na coś bardziej konkretnego. Pyta, czy mam w lodówce korzenne śledzie. Następnie stawia na stole butelkę "podarowaną" mu ponoć przez marynarzy z odległej Kłajpedy. Mówi, że duńscy celnicy to ludzie bez serca. Pan Bendsen dodaje, iż alkohol jest dobry na kaca, grypę i zatwardzenie! Skål! (Nasze skomplikowane życie wraca ponownie do normy.)

Ja też *wiem wszystko.*

[4]

Everybody knows everything. The brilliant Jack Kerouac! It's true: *Everybody knows everything.* In Copenhagen I sometimes meet with two experts on the immortal soul and the mortal flesh. Experts on smuggling, religion, and world literature. Mr. Bendsen hails from Aalborg (machine production, shipbuilding, cement manufacture; iron industry; late-Gothic church), while Mr. Kowalski is from exotic Rzeszów (vacuum cleaners, floor polishers, ventilating fans; traces of a Neolithic settlement). Currently they are living in Copenhagen. Mr. Bendsen sees eye to eye with Mr. Kowalski and both care a great deal about the future of Grzegorz Wróblewski. This is the professional advice they often give him:

Mr. Bendsen: "Stop drinking and you will instantly shed all false friends. Your heart will gain strength and you will get that long-awaited erection."

Mr. Kowalski: "You will rediscover the fascinating world of animals. You will begin to admire spiders, while old people will appear refined and full of wisdom."

Mr. Bendsen: "You will be able to tackle difficult books. You will enjoy *The Art of Zen Gardens* by A.K. Davidson and understand why Clement VII launched a war against Spain."

Mr. Kowalski: "You will embark on a new path. You will manage to stave off the fear of death and incurable disease. You might even start winning at chess?"

Mr. Bendsen & Mr. Kowalski (in unison): "You will be able to afford to have a child of your own. 'Stop drinking!' is what you will tell him at the end of your life as the pearly gates open . . ."

And then? Mr. Bendsen (a heavy smoker) steps outside to "get some air" and after several minutes returns with a bag full of ice-cold Hofs (that is, Carlsbergs). Mr. Kowalski decides on something more practical. He asks if I have any spiced herring in the fridge. Then he puts on the table a bottle "given" to him by sailors from distant Klaipėda. He says Danish customs officers have no heart. Mr. Bendsen adds that alcohol is good for a hangover, the flu, and constipation! Skål! (Our complicated lives go back to normal.)

I too *know everything.*

* * *

Norrøna nigdy mnie nie opuści. Norrøna - zły duch z Wysp Owczych! Myślałem, że to zakończona historia, a tu niespodziewanie Norrøna na pierwszych stronach kopenhaskich gazet. W 1998 roku! Po raz kolejny Norrøna . . . Tym razem chodziło o transport islandzkich koni. Dziewięć islandzkich koni, które nie wytrzymały podróży. *Powodem ich śmierci był stres i brak tlenu!* – stwierdził potem lekarz weterynarii, Bjørn Harlou. Konie zapakowano do kontenera w Seydisfjørdur (Islandia), miały dopłynąć do Hanstholm (Dania) i zostać tam sprzedane. W Tórshavn (porcie macierzystym Norrøny na Wyspach Owczych) okazało się jednak, że konie już nie żyją. Zdechłe wysłano w kontenerze-lodówce na obdukcję do Danii. Będzie teraz sprawa sądowa. Naruszono prawa zwierząt itd. Poszukiwanie winnego: Czy jest nim właściciel koni, czy armator Norrøny, pasażerskiego (!) statku, na pokładzie którego doszło do tragedii?

Z Norrøną zapoznałem się osobiście pod koniec grudnia 1985 roku. Statek zakotwiczony był wtedy przy Havnegade, w samym sercu Kopenhagi. Duński Czerwony Krzyż "zorganizował" na nim obóz dla uchodźców. 1000 zwariowanych, zestresowanych osób z całego niemal świata! Muzułmanie, chrześcijanie, ekstremiści, gospodynie domowe. Brodaci politycy i krzykliwi, wąsaci prowokatorzy z obszarów byłego Bloku. Właściciele kiosków z lodami (wschodnia Polska), palestyńscy kamikadze, Tamilskie Tygrysy, złodzieje, kurwy, przemytnicy . . . Wśród nich Grzegorz Wróblewski wraz z żoną Beatą. (Polska społeczność Norrøny od razu nam doradziła: Nie zadawajcie się z brudasami! Ponieważ bardzo szybko nawiązaliśmy tzw. międzynarodowe kontakty i nie za bardzo wiedzieliśmy, kogo właściwie mamy uważać za brudasa, Polacy przestali się do nas odzywać. Izolowano nas na stołówce, "no bo oni jacyś nie tego", nie daj boże polityczni, a może narkomani?) Zamieszkaliśmy w kajucie (puszce, pojemniku?) pod pokładem samochodowym. Brak oczywiście dziennego światła (migocące za to żarówki), wilgotna podłoga, wieczne alarmy (ogień, fałszywe bomby, etniczne pojedynki). Po kilku miesiącach

* * *

Norrøna will never leave me in peace. Norrøna – the evil spirit from
the Faroe Islands! I thought I had closed that chapter, then all of a
sudden I see the Norrøna on the front page of Copenhagen newspapers.
In 1998! Once again the Norrøna . . .

This time the matter concerns a shipment of Icelandic horses. Nine
Icelandic horses that did not survive the trip. *The cause of death was stress
and lack of oxygen*, stated the veterinarian Bjørn Harlou. They had been
packed into a container in Seydisfjørdur (Iceland) bound for Hanstholm
(Denmark) to be sold there. But in Tórshavn (Norrøna's home port
on the Faroe Islands) it was discovered that the horses had died. Their
corpses were placed in a freezer and sent to Denmark for autopsy. A
court case is under way. Animal rights have been violated, etc. Finger-
pointing has begun: Is the owner of the horses to blame or the owner of
the Norrøna, the passenger ship (!) on which the tragedy occured?

I became personally acquainted with the Norrøna at the end of
December 1985. At that time the ship was anchored near Havnegade,
in the heart of Copenhagen. By the "arrangement" of the Danish Red
Cross it was being used as a refugee camp. A thousand crazy, restless
people from practically everywhere! Muslims, Christians, extremists,
housewives. Bearded politicians and loud, mustachioed provocateurs
from countries in the former Bloc. Owners of ice cream stands (eastern
Poland), Palestinian kamikazes, Tamil Tigers, thieves, hookers,
smugglers . . . Among them Grzegorz Wróblewski and his wife Beata.
(The Polish community on the Norrøna had advised us to "stay away
from the dirtbags!" But because we quickly made international contacts
and didn't really know who the dirtbags were, the Poles stopped
speaking to us. They ignored us in the cafeteria, "something not quite
right about them, God forbid they might be political or maybe junkies?")
We settled in a cabin (can? container?) under the car deck. Of course
there was no daylight (only flickering light bulbs), the floor was wet,
there were constant alarms (fire, fake bombs, ethnic skirmishes). After

pobytu – klustrofobia! Zrozumiałem wtedy do końca przesłanie "Potopu w Norderney" Karen Blixen. Pewne też plusy, na przykład do dzisiaj opanowany mamy (do perfekcji) sposób obijania (poruszania?) się po statkach pasażerskich. Te wszystkie rozpadające się, przestarzałe okręty (linia Kopenhaga-Świnoujście) to dla nas małe piwo. Nawet podczas silnego sztormu.

Biedne islandzkie konie. One nie miały klucza do swojej trumny. Ostatnio zaproponowałem żonie wycieczkę morską na Wyspy Owcze. Oczywiście byłaby to Norrøna. (Jak dotychczas nie zdecydowaliśmy się.)

a few months' stay – claustrophobia! Only then did I fully understand the message of Karen Blixen's "The Deluge at Norderney." There were other advantages: for example, my wife and I have mastered (to perfection) the art of bouncing (moving?) around passenger ships. Ever since, all those crumbling, obsolete vessels (Copenhagen-Świnoujście Line) are nothing to us. Even during a heavy storm.

Poor Icelandic horses. They didn't have the key to their coffin. Recently I suggested to my wife a trip to the Faroe Islands. Of course it would be on the Norrøna. (We're still undecided.)

* * *

Jesteśmy popularni: islam i niebezpieczne, polarne niedźwiedzie.
Acha, jeszcze vodka. (W Krakowie kupiłem sobie drewnianego Żyda!)
Dużo koni eksportuje się z Polski. Język polski dla obcokrajowców:

Pan Kowalski jest młody
Cała nadzieja w panu Kowalskim

Mama kocha córkę
Robotnik czyta książkę
Mama nie kocha córki
Robotnik nie czyta książki

Dziewczynek było mało
Kłopotów nigdy nie brakuje

Paweł i Piotr spacerują w lesie
Stefcia i Paweł poszli do wujka

Pięciu studentów biegało
Sto złotych to duża suma

Będę pić
Będziesz pić
Będziemy pić

Dużo koni eksportuje się z Polski

(Piccolo dizionario italiano-polacco e polacco-italiano)

* * *

We are popular: Islam and dangerous polar bears. Oh yes, also vodka. (In Kraków I bought myself a wooden rabbi.) Many horses are exported from Poland. Polish for foreigners:

Mr. Kowalski is young
All hope rests with Mr. Kowalski

The mother loves her daughter
The worker is reading a book
The mother does not love her daughter
The worker is not reading a book

There were few girls
There is always something to worry about

Paweł and Piotr are walking in the forest
Stefcia and Paweł have gone to see their uncle

Five students ran
One hundred zlotys is a large sum

I will drink
You will drink
We will drink

Many horses are exported from Poland

(Piccolo Dizionario Italiano-Polacco e Polacco-Italiano)

* * *

Coraz więcej bezdomnych wśród obcokrajowców żyjących w Danii.
W Domu Opieki na Vesterbro ok. 40% stanowią mężczyźni pochodzący
z Afryki lub Azji. O Polakach się nie wspomina. Polacy się asymilują.
Piją po godzinach pracy, oszczędzają, trzymają się powierzchni.
Wracają na starość do kraju, gdzie inwestują w letnie domki nad morzem.
(Co stanie się ze mną? Kim będę za kilka lat? I czy w ogóle dożyję?)

* * *

Coś dziwnego, niedobrego w ludziach, którzy likwidują nagle swoje
księgozbiory. Ostatnio pojawił się zamożny R., przywiózł mi karton
książek, gdyż czeka go przeprowadzka, a w nowym mieszkaniu (zapewne
większym od poprzedniego) nie ma na nie miejsca. W ten sposób trafiły
na Christianshavn *Formy* Tadeusza Różewicza (Czytelnik, Warszawa 1958,
Wydanie I). Ostatnie zdanie tomiku: *Przez ten zgiełk idziemy wszyscy do
ciszy, do wyjaśnienia.*

* * *

More and more foreigners living in Denmark are homeless. At
the Public Welfare Office in Vesterbro about forty percent are males
coming from Africa or Asia. No one mentions the Poles. That's because
Poles assimilate. They only drink after hours, save money, try to stay
aboveboard. When they reach old age, they return to their country and
invest in summer cottages by the sea. (And what about me? What will I
be in a few years? Will I even be alive?)

* * *

There is something strange and indecent about people who suddenly
dispose of their libraries. Recently, the well-off R. appeared at my door
with a carton of books; he is moving and there is no space for them in
his new apartment (which is probably larger than the previous one). This
is how *Formy* by Tadeusz Różewicz (Czytelnik, Warsaw, 1958, 1st edition)
ended up in Christianshavn. Last sentence of the volume: *Through all this
din we walk toward silence, toward explanation.*

Czy coś poważnego się stało? – pytają się moi kopenhascy znajomi. *Nie, nic poważnego* – odpowiadam i otwieram nową butelkę różowego lambrusco. *Nic poważnego się jeszcze nie stało, na razie wszystko dobrze* – tłumaczę matce, która dzwoni do mnie specjalnie z Warszawy . . . *I tak wszystkiego się dowiem* – słyszę na pożegnanie. *Dziwnie pan dzisiaj wygląda* – mówi blondynka z biura pośrednictwa pracy. *Na pewno coś pana dręczy* – dodaje i wręcza mi kolejny blankiet do wypełnienia. (Nie dać się zwariować . . . ma atrakcyjne lewe kolano!) Przez pomyłkę rozbijam czołem słoik z konfiturami. *Czy to coś poważnego?* – pyta się sąsiad i zaprasza mnie niespodziewanie na kawę. *Tylko czarna porzeczka* – pocieszam tę niedopieszczoną przestrzeń. *Nie, to nic poważnego!* – krzyczę przez okno od toalety . . . *Wszystko dobrze, nic się jeszcze nie stało!*

Zbiera się tłum moich codziennych wyznawców. *Tak właśnie wygląda tai chi* – uspokajam ich. Są zawiedzeni. Z niecierpliwością czekają na chwilę, kiedy im w końcu powiem: *Tak, stało się coś poważnego! Zapiłem się, nie mam butów, przenoszę się na stałe do śmietnika w Hvidovre.*

* * *

"Has something serious happened?" my Copenhagen friends ask.
"No, nothing serious," I answer, opening a new bottle of pink Lambrusco.
"Nothing serious has happened yet, so far things are going fine," I explain
to my mother, calling all the way from Warsaw. "I'll find out soon enough,"
I hear her say before she hangs up. "You're looking strange today," says the
blonde at the employment agency. "Something is clearly eating at you,"
she adds, handing me another form to fill out. (Try not to lose your mind
... her attractive left knee!) I accidentally smash a jar of preserves with
my forehead. "Is it serious?" asks my neighbor and unexpectedly invites
me over for a cup of coffee. "It's only black currant," I try to comfort the
undercaressed skin. "No, it's not serious," I scream out the bathroom
window ... "Everything is fine, nothing serious has happened yet!"

A crowd of my everyday disciples gathers. "This is tai chi," I reassure
them. They look disappointed. They impatiently wait for the day when I can
finally tell them: "Yes, something serious has happened! I got drunk, lost
my shoes, I'm moving permanently to a dumpster in Hvidovre."

* * *

Mało skomplikowane konstrukcje typu Ole Olsen, Niels Nielsen, Morten Mortensen. Niekiedy jednak zaskakujące, np. korespondent Duńskiego tygodnika *Weekendavisen*: Tom Buk-Swienty. Tom Buk-Swienty donosi, Tom Buk-Swienty twierdzi, Tom Buk-Swienty o najistotniejszych sprawach, zawsze w odpowiednim miejscu itd. Ciekawe, czy zdaje sobie sprawę z oryginalności swojego nazwiska? Pewnie nie, po duńsku brzmi ono nieco odmiennie, ale nic w nim mistycznego. W Polsce miałby pewnie tzw. problemy. (I to już od chwili wystawienia główki na świeże powietrze.)

Tom Buk-Swienty odwiedził niedawno Manhasset High School (Long Island, Nowy Jork) i przeprowadził tam wywiad z młodzieżą, o której się teraz mówi – GENERACJA Y. Mamy więc GENERACJĘ Y, a GENERACJA X (Douglas Coupland) to przeszłość, kilku chorych na aidsa weteranów. Ci nie mają już nic do powiedzenia. GENERACJA Y. Tom Buk-Swienty dowiedział się od niej wielu interesujących rzeczy. Oto cechy charakterystyczne amerykańskiej GENERACJI Y:

1. Nigdy nie używała maszyny do pisania.
2. Nie wie co to gramofon.
3. Nie ma zielonego pojęcia, na czym polega nakręcanie zegarka.
4. Upadek Muru pamięta b. słabo z telewizji.
5. Rosjanie to przyjaciele, którym należy obecnie pomóc.
6. Raporty o efekcie cieplarnianym były zawsze mocno przesadzone.
7. Życie ma sens!
(I ani słowa o abstrakcyjnej, głodującej gdzieś w zaświatach Afryce!)
Jednym słowem – optymizm! Tom Buk-Swienty zapytał jednak, Czy GENERACJA Y ma jakieś specjalne troski i problemy. Otóż okazało się, że tak. Największym problemem GENERACJI Y jest zbliżający się rok 2000.
Chelsea: *Rok 2000, boję się . . .*
John: *W roku 2000 nastąpi prawdopodobnie koniec świata.*

Largely uncomplicated constructions: Ole Olsen, Niels Nielsen, Morten Mortensen. But now and then surprising ones, like the correspondent for Danish weekly *Weekendavisen*: Tom Buk-Swienty. Tom Buk-Swienty reports, Tom Buk-Swienty argues, Tom Buk-Swienty gives you the day's headlines, always in the right place, etc. I wonder if he realizes how unconventional his name is. Probably not – in Danish it sounds slightly unusual, but hardly spiritual.* In Poland he would likely have "problems" (from the moment he poked his head out of the womb).

Recently Tom Buk-Swienty visited Manhasset High School (Long Island, New York) and conducted interviews with young people nowadays referred to as GENERATION Y. So now we have GENERATION Y, while GENERATION X (Douglas Coupland) belongs to the past – a few old-timers with AIDS. They no longer have anything useful to say. As for GENERATION Y, Tom Buk-Swienty has learned many interesting things. These are the characteristics of the American GENERATION Y:

1. They have never used a typewriter.
2. They don't know what the gramophone is.
3. They have no clue what it means to wind a watch.
4. They vaguely remember, from television, the Fall of the Wall.
5. The Russians are our friends who must be helped.
6. Reports of the greenhouse effect were always greatly exaggerated.
7. Life makes sense!

(And no word about Africa, the abstract, starving somewhere-in-back-of-the-Beyond Africa!) In short – optimism. Nevertheless Tom Buk-Swienty wondered if GENERATION Y has any special concerns or problems. Turns out it does. GENERATION Y's greatest concern is the approaching year 2000.

Chelsea: *The year 2000 scares me…*

John: *2000 probably means the end of the world.*

Ryan: *Ta przeklęta magia liczb!*
Tom Buk-Swienty skrupulatnie wszystko zanotował. The Millenium,
GENERACJA Y, koniec świata. Potem przysłał reportaż
do Kopenhagi, aby nastraszyć nim GENERACJĘ X, czyli niedobitków
kupujących nadal *Weekendavisen*. (GENERACJA Y nie czyta, jak
wiadomo, gazet.)

Kim jest w rzeczywistości Tom Buk-Swienty? Wysłannikiem niebios
przygotowującym nas na spotkanie z meteorytem? Czy tylko niewinnym
korespondentem duńskiego tygodnika? Pynchonowskie podejrzenia,
lęki i kombinacje. GENERACJA X paliła za dużo marihuany!
GENERACJA Y pomału także dostaje świra. Wszyscy jesteśmy
psychicznie rozregulowani.

Do wyjaśnienia zagadki pozostało nam jeszcze osiem miesięcy.

Ryan: *That damned magic number!*

Tom Buk-Swienty meticulously recorded everything. The Millennium, GENERATION Y, the end of the world. Then he sent his report to Copenhagen to frighten GENERATION X, the holdovers who still buy *Weekendavisen*. (It is well known that GENERATION Y doesn't read newspapers.)

Who actually is Tom Buk-Swienty? A messenger from heaven preparing us for an encounter with an asteroid? Or just an innocent correspondent for a Danish weekly? Pynchonesque theories, misgivings, and schemes . . . GENERATION X smoked too much pot! Now GENERATION Y is slowly going nuts. Clearly, we are all deranged.

We have eight months to solve the puzzle.

*In Polish "Buk Swienty" (spelled "Bóg Święty") literally means "The Holy God."

Ankieta i podchwytliwe pytania (np. metraż mieszkania, rodzaj
bóli w dupie i kręgosłupie) – czyli "przesłuchanie" w kopenhaskim
socjalu. Potem niegroźna (tzn. szalenie niebezpieczna) sugestia:
proponujemy projekt Cieplarnię. Projekt Cieplarnia – codzienny
"trening" w szklarni, próba zmuszenia ludzi do systematycznego
pojawiania się w pracy, rodzaj kolonii dla osobników niedostosowanych
(artyści, ćpuny itp. głupki), wilgotny szpital psychiatryczny
(wśród korzonków i niewinnych kwiatków). Coś delikatnego,
od poniedziałku do piątku (ok. 25 godzin tygodniowo), oprócz szklarni
zajęcia dodatkowe: rozmowy z terapeutami, psychologami, specjalistami
od bezrobocia. *Projekt Cieplarnia serdecznie zaprasza wszystkich
zainteresowanych. Spotkasz tam prawdziwych przyjaciół, zaplanujemy ci
dalszą przyszłość, podzielimy was na niewielkie grupy . . .
Pozdrowienia – B. Petersen, członek Cieplarni.*

A stamtąd już tylko na autentyczną trawkę. Jako pozytwnie nastawiony
do społeczeństwa . . . miłośnik dmuchawców, wiertarek, frezarek,
ogrodowego węża i kotlecików z mielonego dorsza.

* * *

A survey form with tricky questions (e.g., apartment size, types of pain in the spine and the butt). In other words, "interrogation" at Copenhagen's Office of Social Services. Then a seemingly harmless (i.e., extremely dangerous) suggestion: Project Greenhouse. Project Greenhouse, a daily "practice session" inside a hothouse, an attempt to force people to regularly show up for work, a kind of colony for maladjusted individuals (artists, addicts, other blockheads), a humid psychiatric hospital (among rootlets and innocent flowers). The approach is gentle. From Monday to Friday (about twenty-five hours per week), in addition to the hothouse the following activities are offered: interviews with therapists, psychologists, unemployment experts. *Project Greenhouse cordially invites all those interested to sign up. Here you will meet true friends, we will plan for your future, divide you into small groups. Best wishes, B. Petersen, Greenhouse Member.*

And then you are really out to pasture. As a positive-thinking member of society . . . Lover of dandelions, drills, milling machines, garden hoses, and cod cutlets.

* * *

Młoda, piękna kobieta na przystanku autobusowym. Wysportowane
ciało, charyzmatyczne rysy twarzy ... Patrząc na nią nagle wyobrażam
sobie, jak będzie wyglądać za 30-40 lat. Moja nieustanna, chora
wyobraźnia: wszędzie widzę (węszę) rozkład. Przypomina mi się
genialna fotografia Roberta Franka: *14th Street, New York City, 1948*.
Na zdjęciu 5 pulchniutkich (wtedy taka moda) kobiet. Zadowolone palą
papierosy. (Gorąca czekolada kosztuje 10, herbata 5, a cheeseburger 25
centów.) Czy któraś z nich jeszcze żyje? Świat jest konkretny. Fotografie
Roberta Franka zdobyły sobie zasłużone uznanie: *Robert Frank is one of
today's leading visual artists*. I nigdzie ani słowa o tych pięciu gracjach.

* * *

A young, beautiful woman at the bus stop. Athletic body, charismatic features . . . Watching her, I imagine how she will look in thirty or forty years. My unstoppable, sick imagination: everywhere I look, I see (sniff) decay. I am reminded of Robert Frank's brilliant photograph *14th Street, New York City, 1948*. Five plump (as was fashionable in those times) women. They are smoking cigarettes, looking content. (Hot chocolate costs ten cents, tea five, a cheeseburger twenty-five.) Are any of them still alive? The world is concrete. Frank's photographs have gained a well-deserved recognition: *Robert Frank is one of today's leading visual artists*. And never a word about those five beauties.

List z firmy ubezpieczeniowej PFA. Moje życie warte jest
obecnie 7,993 duńskich koron. (Tyle właśnie otrzyma rodzina, jeśli się
niespodziewanie przeprowadzę w zaświaty!) Samotność Kosmiczna
– dzięki Ci, Krystopher. Pod ziemią będę zawsze o Tobie rozmyślał.
Unikalna kombinacja białka i paranoi: 1,330 butelek piwa (albo 4 bilety
lotnicze do Polski).

* * *

37 lat. Żyłem wystarczająco długo i widziałem różne "wzruszające"
sceny. Duńczycy mówią, że jestem dopiero w średnim wieku. W czasach
wikingów uważaliby mnie za starca, za czarownika, za szamana . . .

*　*　*

A letter from the insurance company PFA. My life is currently worth 7,993 Danish crowns. (The amount my family will get if I unexpectedly relocate to the next world.) Cosmic Loneliness. Thank you, Krystopher, I will keep you in my thoughts when I'm underground. A unique combination of protein and paranoia: 1,330 bottles of beer (or four plane tickets to Poland.)

*　*　*

Thirty-seven years. I have lived long enough and have witnessed many moving "scenes." Danes say that I'm only middle-aged. In the time of the Vikings, they would have considered me an elder, a magician, a shaman . . .

* * *

Największym darem jest Sen. Nawet najgorszy. Sen! Sen zamiast chorobliwego czuwania. Oczekiwania na Coś, na Kogoś? Dzisiaj w nocy alkohol, proszki. Znów bezskutecznie . . . Niech w końcu nadejdzie Sen! Modlę się tylko o Sen.

* * *

Początkowe myśli, myśli poranne: *Żyję. Więc muszę coś zjeść.* Potem: *Czy komuś udało się w inny sposób?* I znowu: *Muszę koniecznie coś zjeść. Kogoś? Coś? Przecież żyję. Więc muszę koniecznie coś zjeść. To Coś. Tego Kogoś.*

* * *

Dzisiaj zamiast listów – reklamy mięsa. Widocznie nie zasłużyłem na listy.

The greatest gift is Sleep. Even the worst kind. Sleep! Sleep – and not this obsessive vigil. Waiting for Something – for Someone? Tonight alcohol, pills. Again to no avail . . . Let it come at last! I pray only for Sleep.

* * *

First thoughts, morning thoughts: "I'm alive. This means I have to eat something." Later: "Has anyone ever managed otherwise?" Again: "I really have to eat something. Someone? Something? After all I'm alive. This means I have to eat something. Something. Someone."

* * *

Today instead of letters – ads for meat. Apparently I did not deserve letters.

Długie i ciekawe życie? Lekarze są konkretni ... Zawartość cholesterolu we krwi: 10,5. Musi przejść pan natychmiast na dietę. Ograniczyć alkohol i zacząć ponownie uprawiać sporty. Chyba, że już panu na niczym nie zależy. Wtedy niech pan niczego nie zmienia. Za 3-4 lata dostanie pan pierwszego, być może definitywnego zawału. A tak miałby pan jeszcze szansę na długie i ciekawe życie. Amazonia? Numerologia? Hotel Sheraton Everest? Proszę się nad tym głęboko zastanowić!!! Wszystko zależy teraz od pana. Chyba, że już panu na niczym nie zależy. (*Sądzę, że dużo przemawia za spirytyzmem, bardzo dużo, mimo licznych oszustw.* H.G.Wells.)

We mnie woda, krzyki i wielorybnicy – powiedział mi człowiek, który ujrzał (przeżył?) samego siebie po przedawkowaniu heroiny.

[28]

* * *

A long and eventful life? The doctors make no bones about it . . . Your blood cholesterol: 350. You must go on a diet immediately. Reduce your intake of alcohol and start playing sports again. Unless nothing matters to you anymore. If that's the case, then don't change a thing. Within three, four years you can expect your first, possibly fatal heart attack. Mind you, though, you still have a chance for a long and eventful life. The Amazon Jungle? Numerology? Sheraton Everest Hotel? Think about it!!! It's all up to you. Unless nothing matters to you anymore. (*I think there is a lot to be said for spiritualism, quite a lot, in spite of much imposture.* H.G. Wells.)

* * *

"Inside me there is water and shouting and whalers," says a man who saw (survived?) himself after a heroin overdose.

* * *

Wirtualne cmentarze. Profesjonalna obsługa, czynne całą dobę!
(Coś dla niezrealizowanych malarzy i poetów!) Zamiast kamiennej
płyty i równo przystrzyżonej tui – twoja ulubiona piosenka, film
z pobytu na Majorce, kilka porad dla potomnych . . . Ceny też
przystępne. Np. w Hall of Memory płaci się obecnie 1500 DKK
za 30 (!) lat "postoju".

Adresy:
Hall of Memory: www.hall-of-memory.com
World Wide Cemetery: www.cemetery.org
Tombstone Tourist: www.teleport.com

* * *

Jak bardzo musiałaś się rozczarować, biedna oso! Obleciałaś
bezskutecznie całą kuchnię (byłaś nawet w pokoju i łazience),
a przecież w przygotowanym specjalnie na twe odwiedziny
koszyku (tym przy uchylonym oknie), czekały na ciebie gruszka,
kiść dojrzałych winogron i pół jabłka. Czyżbyś wolała ode mnie
hałaśliwego sprzedawcę włoskich lodów, który stale czyha na twoje
krótkie życie?

* * *

Virtual cemeteries. Professional service, open around the clock! (An opportunity for unaccomplished painters and poets!) Instead of a stone plate and a neatly trimmed plant, your favorite song, a video from the trip to Majorca, some advice for posterity. Prices are also affordable. For example, the Hall of Memory currently charges 1500 DKK for a thirty-year (!) "sojourn."

Addresses:
Hall of Memory: www.hall-of-memory.com
World Wide Cemetery: www.cemetery.org
Tombstone Tourist: www.teleport.com

* * *

How disappointed you must be, my poor wasp! You circled in vain around my kitchen (even flew into the living room and the bathroom), never noticing the basket I had prepared especially for your visit (next to the half-open window) with a pear, a bunch of ripe grapes, and half an apple. Do you really prefer the loud Italian ice cream vendor and his constant attempts on your short life?

Gang Olsena i moja powszechnie znana słabość do psów. Trzeba z tym uważać, a przynajmniej nie ujawniać się. Ostatnio dzwoni do mnie znajomy i pyta: *Stary, czy wypadają ci włosy?* Mówię, że jeszcze nie. Wtedy on: *No to popilnuj mojego Egona.* (Skurwysyn!) *Jaki to ma związek z łysiną?* – bronię się czując podstęp. *Bądź cywilizowanym człowiekiem* – przekonuje i po kilkuminutach zjawia się ze swoim wilczurem . . . *Zostawiam ci Egona na tydzień. Pamiętaj, bydlak żywi się tylko surowym mięsem!* (*O w mordę!* – myślę przestraszony.) *Teraz są takie czasy. Każdy trzyma w domu coś oswojonego. Muszę trochę od niego odpocząć!* – tłumaczy się. Potem kładzie na stole kilka banknotów i szybko zbiega po schodach.

Zostaję sam na sam z drapieżnikiem. Egon lubi doniczkowe rośliny i nie interesują go filmy o Serengeti. (Sika za to na *Biesy* Dostojewskiego i na *Paragraf 22* Josepha Hellera.) Prowadzimy do późna w nocy zagorzałe dyskusje: tropię go pod zniszczoną kołdrą, a on namawia mnie, abym zaprzyjaźnił się z latającą za oknem drobnicą.

Po kilku dniach telefon z Aalborga. *Jak tam zabawa w kotka i myszkę?* – pyta wypoczętym głosem właściciel psa. *Są dwie możliwości* – odpowiadam. *Jedni łysieją, a innym zmienia się wyraz twarzy. Ja należę do tych ostatnich. Wyszlachetniałem jak szkocki pastuch. Czekam teraz z niecierpliwością na ciebie! Wytrzymać jeszcze końcówkę* – myślę rozkojarzony i otwieram poradnik dla chorych na nerwicę mężczyzn . . . ZACHOWAJ WIĘŹ Z KRÓLESTWEM ZWIERZĄT! Tymczasem Egon spokojnie obserwuje mój urodzinowy prezent, płytę *Kings of the Blues*. W jego głowie zakwita już nowy, genialny plan.

The Olsen Gang and my universally known weakness for dogs. I must be careful or at least try to hide it. Recently an acquaintance calls me: "Hey man, is your hair falling out?" I say, "Not yet." Then he says: "So why don't you take care of my Egon." (Motherfucker!) "What does he have to do with balding?" I protest, sensing a trick. "Come on, be civilized," he pleads and within minutes shows up with his German shepherd . . . "I'm leaving Egon here for a week. Remember, the brute eats only raw meat!" ("Oh, shit!" I think, panicked.) "These days everyone keeps something domesticated in their house," he explains. "But I need to take a break from him for a while." He throws some bills on the table and runs down the stairs.

I'm left all alone with the predator. Egon likes potted plants and has no interest in films about the Serengeti. (Instead he pees on Dostoevsky's *Demons* and Joseph Heller's *Catch 22*.) We stay up late each night, locked in heated debate. I lie in wait under the ruined bed cover, while he urges me to make friends with the flotsam outside the window.

After several days I get a phone call from Aalborg: "How's the game of cat-and-mouse?" asks the dog's owner in a rested voice. "There are two possibilities," I answer. "Some people grow bald, others change facial expression. I belong to the latter category. I've been ennobled like a Scottish herdsman. Now I'm impatiently waiting for you to come back!" "Just a while longer," I think to myself distractedly, opening a guidebook for men suffering from neurosis . . . TRY TO BOND WITH THE ANIMAL KINGDOM! Meanwhile Egon is calmly eyeing my birthday present, the record *Kings of the Blues*. In his mind there already sprouts a new, brilliant plan.

* * *

Wystawa duńskiej fotografii prasowej. Lata 1900-1998. Wiele
zaskakujących momentów. (Ołowiany tornister duńskiego narodu!) Lata
upadków i wzlotów . . . Wzruszające zdjęcie wykonane na początku
stulecia w kopenhaskim zoo. Tamilska rodzina (egzotyczne stroje i
awangardowe fryzury) prezentuje się duńskiej publiczności. W pobliżu
hipopotamów, jaszczurek, człekokształtnych małp. W tamtych czasach
było to ponoć normalne. Indianie, Murzyni – etniczne spektakle w
zoologicznych ogrodach!

I z podobnego czasu; zdjęcie kopenhaskiej kurwy czatującej w oknie
na upragnionego klienta. Wyjaśnienie pod fotografią: W przypadku
pojawienia się zainteresowanego w oknie kurwy ukazywała się
opuszczona do połowy duńska flaga. ("Zajęte!") Bardzo praktyczny
sygnał i nikt jakoś nie wpadł na pomysł, że to zniewaga państwa itd.
Inna po prostu tradycja, inna tolerancja.

An exhibit of Danish photojournalism from 1900-1998. Many surprising moments. (A collection of national hang-ups!) Low points, high points . . . A touching picture taken at the beginning of the century in the Copenhagen Zoo. A Tamil family (exotic costumes, avant-garde hairstyles) presents itself to the Danish public. Next to hippos, lizards, and anthropoid apes. Apparently this was considered normal in those days. Indians, Blacks – ethnic performances in zoological gardens!

From roughly the same period: a picture of a Copenhagen hooker in the window, eagerly awaiting a client. Caption under the photo: When a potential customer showed up, the Danish flag would appear in the window at half mast. ("Busy!") A very practical signal – and it never occurred to anyone that it might be an insult to the country, etc. In short, different tradition, different lifestyle.

* * *

Trzy wykłady profesora Abrahamowitza. Pierwszy z nich dotyczył
"zamków pod powierzchnią morza", potem był prorok Emanuel
Swedenborg, a teraz "paranoja". (*Stosuje się również nazwę "obłęd"* –
dowiedzieliśmy się zamiast niepotrzebnego wstępu.) Charakterystyczne
są dla niej przeróżne urojenia. Np. urojenia prześladowcze, reformatorskie,
hipochondryczne (zgoda, znamy to dobrze). Powstają też konflikty
chorego z otoczeniem (to również brzmi swojsko). Natomiast, że paranoja
rozpoczyna się przeważnie po 30 roku życia? Nieprawda! Ja miałem ją
od urodzenia. (Podobnie jak wszyscy inni ludzie, z którymi dane mi
było się zetknąć.) Abrahamowitz przyznaje mi w końcu rację (wyraźnie
lubi koncepcję "osaczonego umysłu"): *Ziemia jest zamkniętym ośrodkiem
dla paranoików.* (Oby po śmierci wysłali mnie do innego!) *Rodzimy się
i umieramy w paranoicznych ciałach, a nasze marne dusze podatne są na
muszkatołową gałkę!*

Three lectures by Professor Abrahamowitz. The first dealt with "castles
under the sea," the second with the prophet Emanuel Swedenborg,
and now the third: "paranoia." ("The term 'insanity' is also used" – we're
told in lieu of an unnecessary preface.) Paranoia is characterized by
various delusions. For example, delusions of a persecutory, grandiose,
somatic nature (agreed, we know those well). The patient is also likely to
experience conflicts with the environment (this too sounds familiar). But
to claim that paranoia usually begins after the age of thirty? Not true!
I myself have had it since birth. (Just like any other person I have been
destined to meet.) Abrahamowitz finally admits that I'm right (he clearly
likes the concept "the beleaguered mind"): "The earth is an enclosed
compound for the paranoid." (As long as I'm sent to a different one after
my death!) "We are born and we die inside our paranoid bodies, while our
miserable souls are vulnerable to nutmeg!"

Okrutni wikingowie! Za zabicie konia z miejsca karali śmiercią. Za zabicie człowieka – chłostą. Przykłady współczesne: 45-letni mężczyzna zamordował w przypływie zazdrości swą żonę. (14 pchnięć nożem!) Krew i tłumy świadków. Wyrok – 10 (!) lat więzienia. Szmugiel 210 gram heroiny do Danii; wyrok – 2 lata więzienia. 20-letni (wino, piwo i wino) młodzieniec przewrócił rowerzystę i opluł następnie zaskoczonego policjanta; wyrok – 60 dni więzienia.

Napad (atrapa pistoletu) na bank. 75,000 DKK. Wyrok – 2 lata więzienia. 85% Duńczyków jest za zaostrzeniem kar. Jednocześnie coraz więcej alternatywnych odsiadek. Praca przy sortowaniu starych ciuchów (pomoc dla krajów rozwijających się), konserwacja dróg i mostów, organizacje sportowe, kościoły, muzea. W 1998 roku aż 755 skazanych odbywało w Danii "zastępczą służbę". Kryminaliści bardzo się z tego powodu cieszą. *Three strikes, you're out?* Tutaj nigdy by to nie przeszło . . .

Cruel Vikings! The punishment for killing a horse was death on the spot. For killing a man – flogging. Now some contemporary examples: In a fit of jealousy a forty-five-year-old man murders his wife (stabs her fourteen times!) Blood, plenty of witnesses. The verdict – ten (!) years in prison. For smuggling 210 grams of heroin into Denmark – two years in prison. A twenty-year-old youth (wine, beer with wine) knocks over a bicyclist and spits at a startled policeman. The verdict – sixty days in prison.

A bank robbery (toy gun). 75,000 DDK. The verdict – two years in prison. Eighty-five percent of Danes support tougher penalties. At the same time, there are more alternatives to serving a sentence in prison. Jobs like sorting used clothes (aid to developing countries), road and bridge maintenance, sports organizations, churches, museums. In 1998 as many as 755 convicts in Denmark did some kind of "substitute service." The criminals are quite happy about this. *Three Strikes and You're Out*? That would never go over here . . .

Co widział na niebie Clausen? Tego pewnie już nikt się nie dowie. Przyleciał podniecony z ogródka (gdzie pielił marchew) i wskazując na chmury krzyknął: *Tam, tam! – Nalać ci drinka?* – zapytałem go. A Clausen, kompletnie rozkojarzony, powtarzał w kółko: *Tam, tam!* I na nic więcej nie reagował. Zabrali go potem do czubków. (Jego meble poszły pod młotek.)

Co widział na niebie Clausen? Tego pewnie już nikt się nie dowie.

* * *

"Czy gdziekolwiek indziej jest lepiej?" (Interesujące pytanie!)

* * *

Darko – mój znajomy z Sarajewa. Wybaczamy sobie nawet nasze polityczne poglądy. Ale kiedy poczęstował mnie głową barana – stanowczo odmówiłem.

* * *

What did Clausen see in the sky? Probably no one will ever know. He flew in all excited from the garden (where he had been weeding carrots) and pointing to the clouds exclaimed: "There, there!" I asked him: "You need a drink?" But Clausen, with a wild look in his eyes, just kept repeating: "There, there!" He wouldn't respond to anything. Later he was taken to a loony bin. (His furniture ended up on the auction block.)

What did Clausen see in the sky? Probably no one will ever know.

* * *

"Is it always better somewhere else?" (Interesting question!)

* * *

Darko – my friend from Sarajevo. We don't even hold our political views against each other. But when he served me a ram's head, I firmly refused.

* * *

Jesse Owens i Luz Long (Berlin 1936): Skok w dal. Walkirie
wstrzymują oddech ... Jesse Owens – dwie próby spalone. Luz Long
(zakwalifikował się) radzi Owensowi cofnąć o jedną stopę rozbieg.
(Wódz wszystko widzi.) Trzeci skok Owensa. Luz Long miał rację.
Jesse Owens w ostatniej chwili kwalifikuje się do finału. Finał: Złoty
medal dla Owensa, srebro dla Longa ... Niewygodna przyjaźń (Wódz
wszystko widzi.) Rozpalona (1939) libijska pustynia. Long pisze
pożegnalny list do Owensa. Opowiedz o tym dokładnie mojemu
synowi Karlowi, błaga go.

W 1960 roku (Wódz od 15 lat w Piekle) Owens spotyka w
Niemczech Karla Longa i spełnia prośbę Luza. Potem ślub Karla.
Karl prosi Owensa, żeby ten został jego świadkiem. (Walkirie
wstrzymują oddech.) Jesse Owens z miejsca wyraża zgodę.

Jesse Owens and Luz Long (Berlin 1936). The long jump competition. The Valkyries hold their breath . . . Jesse Owens faults on the first two attempts. Luz Long (who has already qualified) advises him to shorten his run-up by several inches. (The Führer sees everything.) Owens's third jump. Luz Long was right. At the last moment Jesse Owens qualifies for the final. The final: Gold medal for Owens, silver for Long . . . An awkward friendship. (The Führer sees everything.) A red-hot (1939) Libyan desert. Long writes a farewell letter to Owens. Tell my son Karl, he pleads, exactly what happened.

In 1960 (The Führer now fifteen years in Hell) Owens meets Karl Long in Germany and fulfills his promise to Luz. After that, Karl's wedding. Karl asks Owens to be his best man. (The Valkyries hold their breath.) Jesse Owens instantly agrees.

*   *   *

Chciałem Ci wpierw napisać, że Charlie Parker brzmiał dzisiaj sentymentalnie i gorzko. Ale to nieprawda! Jego *Dewey Square* dodał mi jak dawniej, niespodziewanej otuchy i postanowiłem ponownie zaprzyjaźnić się z tubylcami . . . Zadzwoniłem do Halla, a potem wyszedłem z domu i kupiłem w aptece 20 musujących tabletek. (Tych o wspaniałym, cytrynowym smaku!) Na łóżku spostrzegłem mężczyznę odzianego w podniszczone, dobrze znane mi buty. Miał nieforemną, wykrzywioną z bólu twarz.

*   *   *

Witaj mój ukochany śniegu! Czekałem na ciebie 7 miesięcy i 12 dni.

* * *

At first I wanted to write you that today Charlie Parker sounded
bitter and sentimental. But it's not true! His *Dewey Square* filled me,
like it used to, with unexpected courage, and I decided to make friends
with the locals again . . . I called Hall, then went out and bought twenty
effervescent tablets in the pharmacy (those with the wonderful lemon
flavor.) On the bed I noticed a man wearing shabby, familiar-looking
shoes. He had a shapeless face, contorted with pain.

* * *

Hello, my beloved snow! I waited for you seven months and twelve
days.

* * *

Play to win! Rasmus wygrywa systematycznie. Szczęściarz wyspecjalizował się w angielskiej lidze. Jego kumpel – Lars – jest ekspertem od kanadyjskiego hokeja. Inni rzucili studia dla kobiecej piłki ręcznej. Na Valby (Damhus Tivoli) były gołębie. Hazard kusi! Dookoła wyścigi rydwanów i piękne, egzotyczne kurwy. Otaczają nas kasyna, podwodne domy uciechy, brzęczące automaty. Pieniądz rządzi światem ...

A ja? Na przykład dzisiaj: dlaczego w meczu St. Johnstone – Dunfermline padł remis? (*Tylko idioci stawiają na Szkotów* – stwierdziła słusznie moja żona.) Gdyby St. Johnstone zwyciężył, szybowałbym w tej chwili ponad duńskimi wrzosowiskami. (Może w kierunku ciepłych Filipin?) A tak spędzę Nowy Rok (patrz: wiersze ze zbioru *Dolina królów*) w Kopenhadze. Jest tu co prawda klub terapeutyczny dla tych, którym się nie udało, lecz moje meble nie mają przecież żadnej wartości (z wyjątkiem pewnej lampy, którą postanowiłem zabrać ze sobą do grobu). To nie jest zresztą historia dla dozorców opiekuńczego państwa. *Play to win!* Na całość i w sposób profesjonalny. Rasmus namawia mnie, abym sprzedał bogaczom nerkę.

* * *

Play to win! Rasmus wins regularly. A lucky guy, he has become an expert on the English Premier League. His buddy – Lars – specializes in Canadian hockey. Others have abandoned their studies for women's handball. In Valby (Damhus Tivoli) you could bet on pigeons. Gambling is tempting! All around us we see chariot races and beautiful exotic hookers. We are surrounded by casinos, underwater amusement parks, jingling slot machines. Money makes the world go round . . .

As for me, why for example did today's soccer match St. Johnstone vs. Dunfermline end in a tie? ("Only idiots bet on the Scots" – says my wife, quite rightly.) If St. Johnstone had won, at this moment I would be cruising over the Danish moor (perhaps headed for the warm Philippines?) Instead, I will spend the New Year (see the poems in my collection *Dolina Królów*) in Copenhagen. To be sure, we have a therapy center here for those who have failed, but my furniture has no value (except for a certain lamp, which I've decided to take with me to the grave). Anyway, this is of no concern to the custodians of the welfare state. *Play to win!* Play for real, play like a professional. Rasmus is trying to persuade me to sell a kidney to the rich.

* * *

Z wnętrza pokojowego malarza: mocna kawa i papierosy bez filtra. Okulary w białe kropki. (Pejzaż w związku z tym też zimowy.) Samotność. Chęć konwersacji – brak tematów do konwersacji. W końcu pojawia się jednak temat: *Co sądzi pan o rezerwacie ptaków na wyspie Falster?* Chwila nerwowego oczekiwania na odpowiedź. (Od niej zależą ewentualne zacieki i wykończenie sufitu.) Odpowiedź jest zadowalająca (*Ptaki też ludzie!*), świadcząca o umysłowym wyrobieniu właściciela mieszkania. Potem znów cisza. Tłusta farba . . . Plan na dzisiaj: dwa pozostałe pokoje i toaleta. Życie nie jest przecież warte zawrotów głowy! Można je spędzić w dużo ciekawszy sposób. Ale trzeba mieć na to środki. Wszystko rozbija się o brak środków. (Pod sam koniec seansu: *Gdyby mieć wystarczającą ilość pieniędzy, praca na wysokościach byłaby do zniesienia.*)

*   *   *

The inside of a house painter: strong coffee and no-filter cigarettes. White dots on the eyeglasses. (So the landscape is wintry too.) Loneliness. Desire for conversation. Lack of topics of conversation. Finally, a topic arises: "What do you think about the bird sanctuary on Falster Island?" Nervously awaiting a reply (it could mean potential stains and having to finish the ceiling.) The reply is satisfactory ("Birds are people, too!"), attesting to the apartment owner's sophistication. Silence again. Thick paint . . .

The plan for today: two more rooms and the toilet. After all life is not worth this constant vertigo! You can spend it doing far more interesting things. But you have to have resources. It all comes down to a lack of resources. (At the end of the session: "If I had enough money, working at heights would be bearable.")

* * *

Eksperymentalne filmy trzeba oglądać! Podziemie. Podziemni poeci. Ćpanie. Alkohol i dziwki. Wszystko eksperymentalne. Nie ma nic zwykłego. (*A: Alkohol osłabia reakcje. B: Jakiego typu?* *A: No, odpowiedzialność. B: Czy odpowiedzialność to reakcja?* *A: Odpierdol się.*) Eksperymentalne kino (barak) OFF OFF na Vesterbro. Filmy eksperymentalne z Ameryki. Chicago w latach siedemdziesiątych. Przereklamowany, ale podziemny Tom Palazzolo. Defilady homoseksualistów i Aleister Crowley. Chaos. (*A: Przyszłość należy do ciebie. B: Dlaczego?* *A: Ponieważ jesteś ode mnie młodszy. B: Chodzi ci o te 5 długich lat?* *A: Dokładnie. To ma kolosalne znaczenie. B: A jak przekręcę się pierwszy?* *A: Wtedy przyszłość należeć będzie do mnie.*) Tom Palazzolo. Kultowy Tom Palazzolo. Chaos. Alkohol. Warto jedynie obejrzeć *Jerry's Deli* (9 min. 1976), realistyczny *portrait of Chicago sandwich shop owner.* Jerry przeklina klientów. Jerry to podziemie (niezamierzone) i eksperyment. *Jerry – the last "angry man" of the American lunch-counter.* Pewny sposób na zrobienie pieniędzy. Podziemny styl. Podziemni poeci. (Underground.) Wszystko eksperymentalne . . . Np. Kraków w latach osiemdziesiątych (pierwsza połowa). Knajpa "Żywiec". Chudy kelner: *Czego – kurwa – chcesz? Jak ci się nie podoba to szybko spierdalaj!* Tłumy pijanych, zadowolonych "gości". Kelner ten miał poważanie. (*Tylko dwa i spierdalaj!*) Był (podobnie jak Jerry) miejscowym klasykiem. (Chaos i eksperyment!) Co się potem z nim stało? Eksperymentalne filmy trzeba oglądać. Zapamiętajcie: Tom Palazzolo, *Jerry's Deli*, USA 1976.

You've got to watch experimental films! Underground. Underground poets. Tripping. Alcohol and sluts. Everything experimental. Nothing ordinary. (A: "Alcohol slows your reflexes." B: "What reflexes?" A: "Your judgment." B: "Is judgment reflexive?" A: "Fuck off.") The arthouse cinema (shack) OFF OFF in Vesterbro. Experimental films from America. Chicago in the 1970s. The overrated but still underground filmmaker Tom Palazzolo. Homosexual parades and Aleister Crowley. Chaos. (A: "The future belongs to you." B: "Why?" A: "Because you are younger than me." B: "You mean these five long years?" A: "Exactly. It makes a colossal difference." B: "But what if I keel over first?" A: "Then the future will belong to me.") Tom Palazzolo. The cult of Tom Palazzolo. Chaos. Alcohol. The only film worth watching is *Jerry's Deli* (9 min., 1976), a realistic *portrait of a Chicago sandwich shop owner.* Jerry swears at his customers. Jerry as the underground (unintentionally), as the experiment. *Jerry – the last "angry man" of the American lunch counter.* A sure way to make money. Underground style. Underground poets. (Underground.) Everything experimental . . . For example, Kraków in the 1980s (first half). A bar named *Żywiec.* A skinny waiter: "What the fuck do you want? If you don't like it here, get the hell out!" Crowds of drunken, satisfied "patrons." That waiter commanded respect. ("Two shots and get the hell out!") He was (like Jerry) a local celebrity. (Chaos and experiment!) What happened to him afterwards? You've got to watch experimental films. Remember: Tom Palazzolo, *Jerry's Deli*, USA, 1976.

* * *

Genialny Ignacy Wieniewski! Oto rodzynek z jego wstępu do *Iliady*: *Np. znamiennym epitetem, jakim Homer stale obdarza piękną boginię Herę, a czasem i urodziwe śmiertelniczki, jest "wolooka". Nam wydaje się to wątpliwym komplementem i budzi w nas asocjacje i reakcje wyobrażeniowe inne, niż w owej odległej starożytności. Podobnie zadziwia nas porównanie Menelaja, który na początku XVII księgi* Iliady *staje nad trupem Patrokla, by go bronić, do krowy stojącej nad cielęciem. Wrażenie na poły komiczne tego porównania, użytego notabene w scenie szczególnie tragicznej, jest miarą zmienności smaku i upodobań w różnych epokach.*

Czy ktoś jeszcze chodzi w skórzanych kurtkach "ramoneskach"? (Coraz mniejsze odległości!) Nawet Johnny Rotten (wywiad) uważa, że to była tylko zmowa producentów odzieży. A starcy w przedpotopowych kapeluszach? Ben Webster grający w bilarda? Polski poeta Julian Tuwim (w wierszu "Spacer fantastyczny w lesie Fontainebleau"): *Jedno wiem: trzeba iść, trzeba iść / Naprzód w leśnym zielonym obłędzie.* Na to nikt już nie da się nabrać! Nasze dziewczyny muszą być teraz chore na anoreksję ("woolookie" są znowu mile widziane!), moda na duże piersi skończyła się, gdy zaczynałem pić wódkę (obecnie zaleca się ponownie wino, seks i marihuanę).

* * *

The brilliant Ignacy Wieniewski! A nugget from his preface to the *Iliad*: *For instance, Homer consistently bestows on the beautiful goddess Hera, and occasionally also on comely mortal women, the distinctive epithet "ox-eyed." This seems a dubious compliment to us, producing associations and imaginative reactions that are different from those found in remote antiquity. Likewise we are surprised by the comparison of Menelaus, who at the beginning of Book XVII of the* Iliad *stands protectively over the dead body of Patroclus, to a cow standing over her calf. The simile, which produces an almost comical effect despite being used in a particularly tragic scene, is a measure of the changing tastes and predilections across different eras.*

Does anyone still wear the Ramones-style leather jackets? (Distances are collapsing!) Even Johnny Rotten (in an interview) says they were just a marketing ploy of the clothing industry. What about the old-timers in antediluvian hats? Ben Webster at the pool table? The Polish poet Julian Tuwim (in his poem "An Extraordinary Walk through the Forest of Fontainebleau"): *One thing I know: I must go, I must go / Forward through the forest's green madness.* No one is fooled by that anymore. Our young women suffer from anorexia (the "ox-eyed" would be welcome once more!). The vogue for large breasts was over when I started drinking vodka. (Now wine, sex, and marijuana are back in style.)

* * *

Czasy się zmieniają – szepczą mi z lękiem podstarzali rówieśnicy. *As we get older we do not get any younger* – stwierdził kiedyś Henry Reed. Im dłużej się nad tym zastanawiam, tym częściej przyznaję im wszystkim rację. Naszego starego listonosza zastąpił nagle młodziak z wytatuowanym na czole napisem: *Garbage* – *"Version 2.0"*.

Dziwne.

* * *

"Times have changed," my aging contemporaries whisper anxiously. *As we get older we do not get any younger*, Henry Reed once said. The longer I think about it, the more I'm convinced they are right. Our mail carrier has been replaced by a teenager with a tattoo on his forehead that says *Garbage – "Version 2.0."*

Weird.

Kilka uwag dla tzw. początkujących pisarzy: jeśli wam odeślą z redakcji teksty, załączając przy okazji swoje własne "propozycje" (co niekiedy się zdarza) – jest dobrze. Oznacza to, że czują do was respekt. Jeśli łaskawie coś zaczną drukować – też dobrze. Można potem pokazać pismo rodzicom i krewnym (niech wiedzą, że to nie przelewki!). Jeśli się w ogóle nie odezwą (częsta praktyka), należy spokojnie opróżnić 2 ciepłe wina owocowe i przedyskutować sprawę z okolicznymi gołębiami. Nie wieszać się! *Girls cars sun fun / Good times for everyone* (The Ramones). Życie jest zbyt ciekawe, abyśmy marnowali go z powodu kilku nie przyjętych do publikacji wierszy. Należy rozwijać się dalej (obowiązkowa lektura: *Wyznania św. Augustyna*), spróbować zostać kelnerem (wystarczy kilkumiesięczna praktyka) lub kosmonautą (dla wytrwałych!), żyć i nie poddawać się . . . Po jakimś czasie wszystkie te "stokrotki wschodów" i "spacery zakochanych ślimaków" wydadzą się wam czymś idiotycznym.

* * *

A few words of advice for so-called "beginning" writers. If editors
return your submission but take the opportunity to enclose their own
"suggestions" (as sometimes happens) – it's a good sign. It means they
respect you. If they kindly agree to publish your work – that's also
good. You can show the magazine to your parents and relatives (so they
know you are no joke!) If the editor doesn't respond at all (a common
occurrence), you need to calmly drain two bottles of cheap wine and
discuss the matter with local pigeons. Don't hang yourself! *Girls cars,
sun fun / Good times for everyone* (The Ramones). Life is too interesting;
don't throw it away over the rejection of a couple of poems. You must
keep improving (mandatory reading: St. Augustine's *Confessions*), try to
become a waiter (just a few months of practice) or an astronaut (only for
the persistent!), live and never give up . . . After a while all those "daisies of
dawn" and "promenades of enamored snails" will seem to you quite idiotic.

* * *

Flemminga P. ukarano grzywną. Zapłaci 2000 koron, ale przy okazji zrobiło się o nim głośno w gazetach i telewizji. Flemming P. dokonał niepospolitego czynu. (Jego "akcja" przeszła już do historii Królestwa!) Wykradł on ze szpitalnej lodówki ciało swojego ojca i zawiózł je po cichu do mieszkania. Tam odział zwłoki w czarne kowbojki, w skórzane spodnie i wysłużoną, punkową skórę. (Na głowę trupa włożył motocyklowy kask.) Potem przymocował nieboszczyka do swojej amerykańskiej maszynki, no i wyruszyli w trasę. Odwiedzli Kopenhagę, gdzie "zaliczyli" wszystkie ulubione miejsca starego. Pożegnanie było więc męskie i jednocześnie niezwykle oryginalne (w stylu śp. Williama S. Burroughsa). *Właśnie tego życzyłby sobie mój ojciec* – wyznał zbulwersowanym dziennikarzom Flemming P.

I jeszcze echo ostatnio zakończonej wojny (Bandidos kontra Hells Angels). Protesty rady parafialnej, wypowiedzi policjantów, artykuły w prasie . . . Na grobie jednego z Aniołów (który bohatersko zginął na placu boju) klubowe logo Hells Angels. Czy należy zezwolić na to na chrześcijańskim cmentarzu? Rada parafialna rząda zmiany napisu, natomiast adwokat Aniołów powołuje się na Prawa Obywatelskie itd. Grozi Brukselą, sądem i innymi poważnymi "konsekwencjami". Co zrobić np. z nagrobkiem Makrela, prezydenta Bullshitów z Amager, zamordowanego w latach 80 (właśnie przez jednego z Aniołów), na którym z kolei widnieją symbole Zakonu SS?

* * *

Flemming P. has been fined. He has to pay 2000 crowns, but at least his name is all over newspapers and television. Flemming P. has done something uncommon. (His "operation" has a secure place in the history of the Kingdom!) He stole his father's body from a hospital freezer and quietly transported it to his apartment. He dressed the corpse in black cowboy boots, leather pants, and a well-worn punk jacket. (On the head he placed a motorcycle helmet.) He fastened the dead man to his American vehicle – and on the road they went. They visited Copenhagen, where they rode past all of the old man's favorite hangouts. The farewell was manly and at the same time extremely unconventional (in the style of the late William S. Burroughs). "This is exactly what my father would have wanted," said Flemming P. to the appalled reporters.

Also: an echo of a recently concluded war (Bandidos vs. Hells Angels). Protests from the parish council, police statements, articles in the press . . . The Hell's Angels logo has been placed on the grave of one of the Angels (who died heroically on the battlefield). Should it be allowed in a Christian cemetery? The parish council wants the inscription replaced, while the attorney for the Angels is invoking Civil Rights, etc. He's invoking Brussels, the courts, and other serious "consequences." What should be done, for example, with the gravestone of Makrel – President of Bullshit MC of Amager, murdered in the 1980s (actually by one of the Angels) – that bears the symbols of the Order of the SS?

* * *

Gdy zamykam oczy, widzę o wiele wyraźniej. Do niczego nie
mogę tego porównać.

* * *

R. otwiera swoje skrzynie o zmierzchu. Zagląda do środka. Bada
zawartość. Liczy. Przekłada i liczy. (Porządkuje!) Potem przesuwa je
w nowe miejsce. Gładzi metalowe zamki. Modli się o spokojną noc.
Zrywa się z łóżka. Sprawdza zasłony i zagląda pod stół. Znowu je
otwiera. Bada zawartość. Liczy i porządkuje. Nie może ponownie
usnąć. W ciągu dnia zastanawia się, gdzie je przesunąć o zmierzchu.
(Modli się o spokojny dzień.)

* * *

When I close my eyes, I can see much more clearly. I can't compare this to anything.

* * *

R. opens his coffers at dusk. Looks inside. Examines the contents. Counts. Rearranges and counts. (Organizes!) Later he moves them to a new spot. Strokes the metal locks. Prays for a peaceful night. Jumps out of bed. Checks the curtains, peeks under the table. Opens the coffers again. Examines the contents. Counts and organizes. Can't fall asleep again. During the day he wonders where he should move them at dusk. (Prays that the day is peaceful.)

3 butelki z duńskim emerytem (ach, te wspaniałe lata '90!) w tle:
ciepły, majowy deszczyk rozbudza naszą skostniałą Ziemię. Oto drzewo
Ginkgo biloba, które będzie świadkiem narodzin niejednego jeszcze
proroka! (Tymczasem Laurent-Désiré zbliża się do Kinshasy.) Czy
słyszał pan, że za kilka lat wyprodukują sztuczny mózg i kryształowego
penisa? Będziemy wtedy nieobliczalni. Jak Deep Blue.

* * *

Weźmy na przykład koniki pony: nic mnie tak nigdy nie wzrusza,
jak te małe, rozbrykane grzywacze. (Ich perwersyjne ogony i żółte zęby!)
Nie wiem dlaczego, ale mam do nich olbrzymią słabość . . . I one także,
widząc mnie, zaczynają już z oddali radośnie rżeć. (Widocznie jesteśmy
sobie z jakiegoś powodu potrzebni!) Muszę przyznać, że bardziej mnie
inspirują, niż wszyscy ci skarleni umysłowo poeci, nudni i zarozumiali
poeci, godzinami rozprawiający o nagości Adama i Ewy w Raju przed
Upadkiem.

* * *

Three bottles with a Danish retiree (oh, the wonderful 1990s!)
against this background: May, a warm rain awakening our frigid Earth.
This Ginkgo biloba tree shall witness the birth of many a prophet!
(Meanwhile Laurent-Désiré is approaching Kinshasa.) Did you hear
how in a few years they're going to start producing artificial brains and
crystal penises? We will become limitless. Just like Deep Blue.

* * *

Take ponies, for example. Nothing moves me so much as these
small, frisky, thick-maned creatures. (Their perverse tails and yellow
teeth!) I don't know why, but I have a huge weakness for them . . . And
they also begin to whinny with joy the moment they see me from a
distance. (Clearly we need each other for some reason.) I must admit
I'm more inspired by them than by all these boring and conceited
poets, mental dwarves who discourse for hours about Adam and Eve's
nakedness in the Garden of Eden before the Fall.

* * *

PODRÓŻ DO SZTOKHOLMU. Jeżeli ktoś wierzy w numerologię
... Zawsze było w pobliżu mnie trzech wyższych i dwóch niższych
Szwedów. Sprawdziłem to w knajpie, burdelu i autobusie. Nawet jak
byłem sam, modląc się o Twój telefon, to zawsze otaczało mnie trzech
wyższych i dwóch niższych. Szwedów. Dopiero w drodze powrotnej, na
statku, gdy wtargnąłem w okolice kapitańskiego mostka, stał przy lunecie
samotny, blady mężczyzna. Mały, duży? Ciężko wyczuć, bo zbliżała się
fala. Stwierdził, że pali się na zewnątrz, OK, wyszedłem i nagle ich tam nie
było. Potopili się. Kruche życie ...
Pozycje misjonarskie & grecki koktajl.

A TRIP TO STOCKHOLM. If you believe in numerology . . .
At all times I was in close proximity to three tall and two short Swedes.
I confirmed this in a bar, in a brothel, and on a bus. Even when I was
alone, praying for a phone call from you, I was accompanied the whole
time by three tall and two short Swedes. Not until the way back, on
the ship, when I rushed toward the captain's bridge, did I discover a
solitary pale man with a spyglass. Was he small, big? Hard to say; a wave
was approaching. He said there was a fire outside. OK, I went out, and
suddenly they were not there. They had drowned. Life is so fragile . . .

Missionary positions & a Greek cocktail.

* * *

Ciekawe, autystyczne zajęcia. Grubas wierci dziurę w papierze,
przez dwie godziny. Nic innego nie robi, wierci dziurę. Moja funkcja?
Mam przypilnować, żeby przypadkiem 'NIKOMU NIE ZROBIŁ
KRZYWDY'. O czym myśli ta niebezpieczna bryła tłuszczu? Pewnie
o tym samym, co Kierkegaard. O Reginach i wcinaniu krewetek.
Pustynia. Ziemia. Nagle się do mnie odzywa. Widzi, że coś notuję.
– *Co robisz?* – pyta.
– *List.*
– *Do kogo?*
– *Do siebie.*
I dalej wiercimy dziurę. Każdy swoją.

* * *

Jeśli ktoś z nas jest duchem, powiedziała Mary, szybko wyjdzie to
na jaw. Tymczasem wszyscy udawali żywych.

* * *

Weird autistic activities. The fat guy is boring a hole through a piece of paper for two hours. Nothing else, just boring a hole. My job? I have to make sure he DOESN'T HURT ANYONE. This dangerous lump of fat, what is he contemplating? Probably the same things Kierkegaard was contemplating. Reginas and eating shrimp. The desert. Earth. Suddenly he speaks. He notices I'm jotting something.

– "What are you doing?" he asks.
– "Writing a letter."
– "To whom?"
– "To myself."

We continue to bore holes. Each his own.

* * *

"If any of us are ghosts," said Mary, "it will soon come to light." Meanwhile, everyone pretended to be alive.

* * *

Śp. Dexter Gordon, jeden z najciekawszych saksofonistów tenorowych świata (czy ktoś pamięta jeszcze *Round Midnight?*) mieszkał przez wiele lat na Valby (Valby opisałem kiedyś dokładnie w *Ciamkowatości życia*). Trzeba o tym wiedzieć, gdy słucha się jego muzyki. Nie ma bowiem bardziej klaustrofobicznego miejsca na świecie. Valby (po dłuższym tam pobycie) wpływa ujemnie na podświadomość, niszczy wątrobę itd. Ale może także "zainspirować" (o ile się to miejsce w ogóle przeżyje). Parę dni temu w duńskiej telewizji, reportaż o ostatnim zakątku w Danii (Damhus Tivoli), gdzie stawia się na gołębie. Pokazali klatki z ptakami, były wypowiedzi zawodowych graczy. Przez moment wydało mi się, że widzę tam Christiansena, ale było to tylko złudzenie . . . Christiansen siedzi teraz z pewnością w jakimś przytulnym burdeliku, słucha muzyki Dextera Gordona i zaciąga się swoim ulubionym cygarem. Potem razem piją i zabawiają się z jutlandzkimi małolatkami. Swoje Valby mają już na zawsze z głowy. Ja nadal się z tego leczę . . .

The late Dexter Gordon, one of the most fascinating tenor saxophonists in the world (does anyone still remember *Round Midnight?*), lived for many years in Valby. (I accurately described Valby in my book *Ciamkowatość Życia.*) You need to know this when you listen to his music. Because there isn't a more claustrophobic place in the world. Valby (after a long stay) can affect your subconscious, destroy your liver, etc. But it can also be "inspiring" (assuming you are able to survive it). A few days ago I was watching a TV documentary about the last corner of Denmark (Damhus Tivoli) where you can still bet on pigeons. Bird cages, interviews with professional players. For a moment I thought I saw Christiansen, but that was an illusion . . . Christiansen is probably sitting right now in some cozy little brothel, listening to Dexter Gordon and puffing on one of his favorite cigars. Later they will have drinks together and entertain themselves with Jutland teens. They have forgotten their Valby forever. Me, I'm still recovering from it . . .

* * *

Psychicznie chorzy: w zabrudzonych szlafrokach, senni i małomówni,
piją ciepły kompot z białych kubków. Pielęgniarki grają z nimi w domino.
Emerytowany chirurg, pan Z., czyta na głos opowiadanie Franza Kafki: *Es
ist eine kleine Frau, von Natur aus recht schlank* . . . Potem odkłada książkę
i siada pod plastikowym, rozkładanym stolikiem. Naśladuje tam sroki,
które budują gniazdo po przeciwnej stronie siatki. (Dwóch zdumionych
przechodniów nagle przyspiesza kroku.)

* * *

Zawsze znajdzie się ktoś, komu skutecznie uda się nas poniżyć. Jest
wtedy pretekst, żeby zrobić to samo innym. (Świadomość rozwinęły
nam swego czasu mięsożerne koty!) Nic nadzwyczajnego, zwykła reakcja
łańcuchowa.

The mentally ill: in dirty bathrobes, sleepy and uncommunicative, they drink warm compote from white mugs. The nurses play dominoes with them. A retired surgeon, Mr. Z., is reading a story by Franz Kafka: *Es ist eine kleine Frau, von Natur aus recht schlank* . . . He puts the book down and sits under a plastic folding table. He tries to mimic the magpies building a nest on the other side of the fence. (Two astonished pedestrians start walking faster.)

* * *

There will always be someone who successfully manages to humiliate us. This in turn becomes our excuse to do the same to others (an attitude that was first observed in carnivorous cats). Nothing extraordinary, just a normal chain reaction.

Przetrwasz w myślasz pociotków i krewnych, pozostaną ich wspomnienia . . . (Skurwiele! Mogą cię celowo nie przywoływać!) A potem, gdy i oni odejdą, nigdzie już cię nie będzie.

* * *

Grudzień 1998: *Wszystko się raduje na tym bożym świecie!* (Wszystko . . . oprócz mnie.)

[72]

*   *   *

You will survive in the minds of distant relatives and cousins, in their memories of you . . . (Motherfuckers! What if they deliberately choose to forget you!) And then, when they also depart, you will be no more.

*   *   *

December 1998. *The whole world rejoices!* (The whole world . . . but me).

* * *

There's a taboo on smoking in this office! Nie wypada powoływać się na Stefana Themersona! Nie mówiąc już o *Księdze dżungli* R. Kiplinga. W bibliotece na Christianshavn (ekskluzywna dzielnica Kopenhagi) reklamowe ulotki z rzucającym się w oczy napisem: *TABU.* Potem niewielkimi literami: *500.000 Duńczyków ma psychiczne problemy. Jeszcze więcej nie chce się do tego przyznać. (Dodatkowe informacje: www. tabu.dk.)*

Czyżby więc podbramkowa sytuacja? (Dania liczy niecałe 6 mln mieszkańców.) Ktoś znowu próbuje zarobić pieniądze . . . Hare, Hare, nikotyna. Pierwsza porada gratis.

THERE'S A TABOO ON SMOKING IN THIS OFFICE! It doesn't seem right to bring up Stefan Themerson! To say nothing of R. Kipling's *The Jungle Book*. At the library in Christianshavn (an exclusive Copenhagen neighborhood) you can find advertising leaflets with a conspicuous inscription: *TABU*. Then in smaller letters: *500,000 Danes have mental health problems. An even greater number refuse to admit it. (For more information: www.tabu.dk.)*

Are we in a tight spot? (Denmark has nearly six million inhabitants.) Someone is trying to make money again . . . Hare hare nicotina. Initial consultation free.

* * *

Zbliżają się Święta. (LEGO zwycięża!) Wysiadł mi w końcu (?)
kręgosłup. Dwa doskonałe cytaty z mistrza Fiodora Dostojewskiego:
1. *Dlaczegóż miałbym się troszczyć, aby po mojej śmierci panował ład?*
2. *Jaka szkoda, że trzeba pracować, aby żyć.*
Po roku ciężkiej, fizycznej pracy jestem uśmiechniętym,
ubezwłasnowolnionym Babilończykiem. Podobnie czują się moi
koledzy. Poeta James oprowadza kretynów po Cmentarzu Asystentów.
Viktor, twórca m.in. słynnej Bogini Wolności, rzeźby stojącej obecnie
na Christianii, dorabia systematycznie jako sprzątaczka w biurze. (W
ten sposób długo już nie pociągną.) Widocznie ktoś się na nas obraził;
nie pisujemy do kolorowych gazet, nie obchodzi nas Poul Nyrup
Rasmussen, nie sypiamy z krytykami i ich kochankami . . . Sytuacja
klasyczna. System cały czas puka do drzwi i wynajduje nam społecznie
przydatne zajęcia: *THE DANISH WRITERS' UNION recommends
that the bearer of this card be afforded every kindness and assistance from
colleagues and public authorities.* Bardzo ładnie napisane. Można to
przeczytać kolegom filetującym wraz z nami dorsze. Na pewno nam
wtedy pomogą. (Na pewno nam wtedy przytemperują dłonie.)

The holidays are approaching. (Lego tops the list!) My spine finally (?) gives out. Two splendid quotes from the master, Fyodor Dostoevsky:

1. *Why should I care if there is peace on earth after my death?*
2. *What a shame we have to work for a living.*

After a year of hard physical labor I have become a smiling, helpless citizen of Babylon. My colleagues feel similarly. The poet James shows morons around the Assistens Cemetery. Victor, the creator of the famous Goddess of Liberty sculpture (among others) currently in Christiania, regularly supplements his income as a cleaning lady in an office. (If this continues, they won't last much longer.) Apparently we have offended someone. We don't write for glossy magazines, we don't care about Poul Nyrup Rasmussen, we don't sleep with critics and their girlfriends . . . It's a classic situation. The system constantly knocks on the door and offers us socially useful activities: *THE DANISH WRITERS' UNION recommends that the bearer of this card be afforded every kindness and assistance from colleagues and public authorities.* Very nicely written. You can read this to your colleagues while filleting cod. Surely they will help you then. (Surely they will trim off your hands.)

* * *

Pod koniec dnia ogarnia mnie strach przed nagłym uśnięciem,
a pod koniec nocy przed nagłym wyjściem ze snu.

* * *

Coraz częściej nie reaguję na obrazy i dźwięki. (Nic nie czuję
i o niczym nie rozmyślam!) Czyżby był to stan Ostatecznego
Wtajemniczenia? A może moje drobne, nie liczące się w ogólnej skali
szaleństwo? Postępująca choroba, zanik przemęczonej świadomości?

* * *

Gdzie się podziały moje żyły? Trzy nieudane podejścia, dopiero
za czwartym razem udaje się pielęgniarce pobrać wystarczającą
ilość krwi. Kiedyś eksperymentowałem na nich bez większych
trudności. Może dlatego wolały się teraz schować? Przezorne żyły . . .
Zbuntowane, coraz bardziej obce mi ciało.

*   *   *

At the end of the day I'm seized by the fear of suddenly falling asleep, at the end of the night by the fear of suddenly waking up.

*   *   *

More and more often I fail to react to images and sounds. (I feel nothing, contemplate nothing!) Have I reached the stage of Final Initiation? Or is this simply my own insanity, insignificant on a cosmic scale? Some advancing illness? My decaying, overtaxed consciousness?

*   *   *

What happened to my veins? Three unsuccessful attempts . . . Only after the fourth does the nurse manage to draw enough blood. I used to experiment on them without much difficulty. Is this why they prefer to hide now? Cautious veins . . . My rebellious, increasingly foreign body.

Kursy medytacji są wszędzie identyczne. Torben opowiedział mi historię "kopenhaską" o łysiejącym Marku, który siedział na śniegu:

Mark: *Dlaczego jest mi zimno?*

Nauczyciel: *Ponieważ siedząc na śniegu, obserwujesz słońce.*

Mark: *Czy powinienem z czegoś zrezygnować?*

Nauczyciel: *Wróć do domu i zacznij jeść baraninę.*

Mark: *Kiedy będę mógł powtórzyć próbę?*

Nauczyciel: *Gdy wzmocnią ci się włosy.*

* * *

Ponieważ bardzo chciałaś, abym przysłał Ci nowy list: Niedziela, 10 stycznia 1999 roku. Godzina 15.00. Walt Disney nie sprawdza się. (Mój kutas ma się dobrze.) W gazetach Gestapo i Secret Service. Za oknem prószy śnieg. Wczoraj, o tej samej porze dnia, siąpił nieprzyjemny deszcz. Odległości są nie do pokonania! (Czy ta wersja pomoże Ci zakochać się w końcu w jakimś romantycznym ornitologu z sąsiedniej kamienicy?)

* * *

Meditation courses are the same everywhere. Torben told me a "Copenhagen" story about a balding Mark sitting in the snow:
– Mark: "Why do I feel cold?"
– Teacher: "Because you're sitting in the snow while looking at the sun."
– Mark: "Should I give something up?"
– Teacher: "Go home and start eating mutton."
– Mark: "When can I try again?"
– Teacher: "When your hair gets stronger."

* * *

Since you insisted I write you a new letter: Sunday, January 10, 1999. 3 P.M. Walt Disney disappoints. (My dick is doing fine.) In the newspapers Gestapo and Secret Service. Outside the window a sprinkle of snow. Yesterday, at the same hour, an unpleasant drizzle. Distances are insurmountable! (Will this version help you finally fall in love with some romantic ornithologist from the building next door?)

* * *

A jednak: Archotermopsis i Calotermes. Wszyscy (A.D. 2000) tylko o tym. Znajoma poetka przestała w końcu o wierszu "Do Zofii Marchlewskiej" i teraz tylko Maeterlinck. Maeterlinck w białym kitlu i z lupą (zamiast wiecznego pióra). Również inny znajomy pisarz (skąd ja znam tylu tych nieudaczników pisarzy?) – Termes Longipes, Termes Longipes . . . Naczytali się Maeterlincka. Robią porównania. (Do realnego życia porównują.) Lucifugus! Podtekstami uderzają. Symboliści. Comis, Comis, Regularis. Z kim ja się zadaję, z kim ja się do cholery zadaję?

* * *

And yet: Archotermopsis and Calotermes. Everyone (A.D. 2000)
keeps yakking about that. My poet friend has quit talking about
the poem "To Zofia Marchlewska" and now – only Maeterlinck.
Maeterlinck in a white coat, Maeterlinck with a magnifying glass
(instead of a fountain pen). Another acquaintance (why do I know so
many loser writers?): Termes Longipes, Termes Longipes . . . They have
read too much Maeterlinck. They draw comparisons. (Comparisons to
real life.) Lucifugus! They hit you with secret meanings. The Symbolists.
Comis, Comis, Regularis. Who am I hanging out with? Who the hell
am I hanging out with?

* * *

Dzisiejszy telefon w sprawie pogrzebu: *Już zaczynają wybierać z naszej półki.*

* * *

Prince jest Mozartem naszych czasów! – Kolejna niedorzeczność. Najnowsze hasło duńskich dziennikarzy. Potrafić się przed nimi ustrzec . . . prawdziwa sztuka. Lepsza już czysta statystyka: Euro Disney pod Paryżem – 12,6 miliona odwiedzających, Notre Dame – 12,0 miliona (dane z 1997 roku).

* * *

Today's phone call regarding the funeral: "They're starting to pick off our shelf."

* * *

Prince is the Mozart of our times! Another absurdity. The latest slogan of the Danish media. The real art is . . . in protecting yourself from them. Pure statistics: Euro Disney near Paris – 12.6 million visitors. Notre Dame – 12.0 million. (Data from 1997.)

Recepta na długowieczność? Nad kanałem spotkałem naszego osiedlowego matuzalema, 120-letniego (być może, że ma tylko 45 lat) Carstena S. Carsten S. znał osobiście Ferdinanda von Zeppelina. (Już nie pamięta o czym ze sobą rozmawiali . . .) Miał też do czynienia z ludźmi, którzy w 1944 roku wysadzili w powietrze drewniany most na Jutlandii. Carsten S. wypija 7 mocnych Tuborgów dziennie. Na więcej go nie stać, chyba że dozorca Ove jest akurat przy kasie. Był trzy razy żonaty: Rikke ukradła mu kiedyś srebrny zegarek, Jytte pracowała przy filetowaniu dorszy, a Mette spóźniała się systematycznie do pracy w przedszkolu. Życie nie jest teraz wesołe, ale trzeba je sobie umiejętnie ustawić: być zawsze w odpowiednim czasie na odpowiedniej ławeczce! Zwłaszcza latem, gdy nadchodzi rockowy festiwal w Roskilde i usztywniona Szwecja nie troszczy się o swoje puste butelki. Nie zajmować się, broń boże, polityką, gdyż polityka dobra jest tylko dla krótkowidzów w niewyprasowanych koszulkach z jedwabiu. Palić duńskie cygara i czasem wybrać się w dziką podróż. Na przykład po tani cukier do Travemünde. Ale najlepiej trzymać się swego miejsca. Bo miejsce to najważniejsza na świecie rzecz. Bez niego jest się Kasparem Hauserem. Znerwcowanym przybyszem znikąd.

A recipe for longevity? Today by the canal I met up with our local Methuselah, the 120-year-old (he may be only forty-five) Carsten S. Carsten S. personally knew Ferdinand von Zeppelin (he has forgotten what they talked about . . .) He also knew the people who in 1944 blew up a wooden bridge in Jutland. Every day Carsten S. consumes seven strong Tuborgs. He can't afford more, unless Ove the janitor happens to be at the cash register. He has been married three times. Rikke stole his silver watch, Jytte filleted cod for a living, while Mette was consistently late for work at a kindergarten. Life is not happy these days, but the key is in knowing how to position yourself: always be at the right bench at the right time! Especially during summer, just before the Roskilde Rock Festival, when wasted Sweden doesn't worry about its empty bottles. Stay out of politics, for God's sake, for politics is only good for shortsighted people in unironed silk shirts. Smoke Danish cigars and from time to time embark on a wild journey. For example, for cheap sugar in Travemünde. It's best, though, to stick to one's place. Because place is the most important thing in the world. Without it you are like Kaspar Hauser. A neurotic stranger from nowhere.

* * *

Dobroczyńcą nie jest ten który rozdaje pijakom pieniądze, lecz
ten, który stara się je od nich wyłudzić. (Jest wiele sposobów na
wytłumaczenie sobie swojego własnego poniżenia i upadku.)

* * *

Suomi – Finland . . . Sibelius i Alvar Aalto. Wydawać by się mogło,
że taki opanowany, rozsądny naród. A dzisiaj na dwójce, mistrzostwa
Finlandii w rzucie siekierą! Rudzi mężczyźni mocują się z iglakami:
kotlety, gorzałka . . . Prawdziwy leśnik powinien zapłodnić łosia.
Jestem jednak miastowy. Węgiel drzewny i harmonijka? Siedzenie
mnie piecze na samą myśl.

*   *   *

A benefactor is not a person who gives money to drunkards, but a person who tries to swindle them out of it. (There are plenty of ways to rationalize your own degradation and downfall.)

*   *   *

Suomi – Finland . . . Sibelius and Alvar Aalto. It seems like such a self-possessed, reasonable nation. And yet today on Channel Two I watched the Finnish championship in ax-throwing! Red-haired men grappling with conifers. Burgers, booze . . . The true woodsman can impregnate an elk. I guess I'm a city person. Charcoal and a harmonica? My ass burns at the thought.

Jonas Mekas (New American Cinema Group) nigdy nie dał dupy. Nie dawać dupy! Szanować własną dupę i kamerę. I żołądek, i korę mózgową, i nie jeść przez pomyłkę starych ryb i prozaka . . . Dziadyga nadal coś tam sobie (New York) kręci i fotografuje. (Miał rację, że opuścił Litwę!) Wydali o nim książkę: *Just Like A Shadow*. Nie musiał nikomu pokazywać gołej (Film-Makers' Cinemateque) dupy. Był stale na zewnątrz, a przy palantach milczał.

Jonas Mekas (New American Cinema Group) never kissed ass. Do not kiss ass! Have respect for your mouth and your camera. Also your stomach and cerebral cortex, and be careful not to ingest, by mistake, old fish or Prozac . . . This geezer simply keeps shooting (in New York), keeps taking pictures. (He was right to have left Lithuania!) A book about him has been published: *Just Like a Shadow*. And he never had to show anybody's (Film-Makers' Cinematheque) naked ass. He was always putting himself out there. Around fools he kept silent.

Lokalna gazeta *Amager Bladet* z dnia 29 grudnia 1998 roku.
Dowiaduję się, w jaki sposób mogę najskuteczniej wyleczyć sobie kaca
po noworocznej orgii i wrócić w odpowiedniej formie do pracy (stanąć
przy drgającej maszynie albo wdrapać się na rusztowanie). Oto koncepcja
duńskiego dziennikarza, Geerta Horsta: Gotowany, solony śledź!
Do tego kromka czarnego chleba i buraczki. I rzecz najważniejsza –
kieliszek sznapsu. Ale uwaga! Tylko jeden! Żadnych ekstrawagancji, tym
razem delikatnie. Nadmiar alkoholu grozi bowiem ponowną karuzelą.
Gotowany, solony śledź i kieliszek sznapsu, abyśmy wystartowali w
produktywny (kryzys w Japonii itd.), rozsądny sposób! Od tego zależy
średnia naszego życia, nasz dobrobyt, nasze połowy na Atlantyku . . .
(George Orwell był jednak wizjonerem!)

W Skandynawii wszystko odbywa się zawsze w sposób przebadany i
zgodnie z planem. Nawet leczenie noworocznego kaca.

Amager Bladet, the local newspaper, December 29, 1998. I'm learning about the most efficient ways to cure my hangover after the orgy of New Year's Eve. So that I can get back to work (stand by a vibrating machine or climb up scaffolding) in proper shape. Here's an idea from Danish journalist Geert Horst: Cooked salted herring! With a slice of brown bread and some beets. And most importantly: a glass of schnapps. But beware! Just one! No extravagance, go easy this time. Because the excess of alcohol may lead to another merry-go-round. Cooked salted herring and a glass of schnapps. So that we can begin the year in a productive (the economic crisis in Japan, etc.), sensible manner. Our life expectancy, our well-being, our catches in the Atlantic depend on this ... (George Orwell was a visionary after all!)

In Scandinavia everything is well researched and prearranged. Even the cure for the New Year's Day hangover.

* * *

Na wszystko trzeba być przygotowanym. Taka jest przecież nasza
oficjalna linia? Z brzuchem nie ma żartów. Czekolada? Niekoniecznie.
W kiszkach może siedzieć też bliźniak. Jak w przypadku Hindusa,
którego operowali, myśląc, że cierpi na raka żołądka. Od dzieciństwa go
przedrzeźniano – Sanjay Kumar był non stop w ciąży.
Tymczasem chodziło o 'fenomen' Foetus In Foetu. Bliźniak pasożyt.
Siedział mu w bebechach przez 36 lat. Wyciągnięto małego gościa,
włosy, paznokcie . . .

* * *

Sąsiad mojego sąsiada. Kulawy małpiszon z psem. Pies pokazuje kły.
Facet wali go w głowę . . . Prasa, komunikacja, odległe lasy i niespokojne
kurniki: Bryan James Hathaway z Wisconsin (USA), grożą mu 2 lata
więzienia i 10 tysięcy dolarów grzywny za uprawianie seksu ze zdechłym
jeleniem. Rok wcześniej zabił 26-letniego konia, Bambricka, a następnie
go zgwałcił. Obrońca, F. Anderson: *Kwestia definicji! Czy smażony indyk
może być nadal traktowany jak żywe stworzenie?*

* * *

Be ready for anything. Isn't that after all our official motto? The stomach is no laughing matter. Chocolate? Not necessarily. Your intestines may also harbor your twin. As in the case of the Hindu man who underwent an operation because it was believed he had abdominal cancer. He had been teased since childhood: Sanjay Kumar was nonstop pregnant!

In fact, it was the "phenomenon" called fetus in fetu. The parasite twin. It sat in his guts for thirty-six years. They pulled out the little guy: hair, nails . . .

* * *

My neighbor's neighbor. That lame monkey with a dog. The dog shows his fangs. The guy hits him on the head . . . Newspapers, media, remote forests and restless henhouses: Bryan James Hathaway of Wisconsin (USA) is facing two years in prison and a $10,000 fine for having sex with a dead deer. A year earlier he had killed a twenty-six-year-old horse, Bambrick, and then raped it. The defense, F. Anderson: *It's a matter of definition! Can a roasted turkey be classified as a living being?*

* * *

Oczywiście! *Nadzorować i karać* Foucaulta. Skrucha & pokuta.
Zakłady penitencjarne dające tłumom pracę i rozrywkę. Natomiast kiszki
rzucane krukom-sójkom-pterozaurom nadal są nęcące. Zerkamy na filmy
porno z ogierami w roli głównej. Świnia wchodzi na niewinną księżniczkę.
Gówno, robaki, zaropiałe fiuty . . . (Niech w końcu zaczną rozdawać
darmową morfinę.) Ale zerkamy. *Maszyna parowa do szybkiego sprowadzania
na dobrą drogę dziewczynek i chłopców.* Szafoty i stosy. Zasłaniam okna,
zdaje mi się, że wyglądam na gwałciciela prawa. Publicznego wroga bez
wyraźnego powodu. *Zerwane przymierze* . . . Mam obsesję, psychozę,
zaburzenia osobowości, schizofrenię, nerwicę, paranoję. Sąsiada męczy
suchy kaszel. Zaraz mnie zabiorą. Wyrwą trzewia, zjedzą grdykę razem z
paznokciami.

* * *

Oddalający się wąsacz: można go jeszcze dogonić i zapytać, czy
nie hoduje w mieszkaniu pytona albo czy interesuje go wysysanie
nektaru z kwiatów. Nie mamy tu oczywiście innego pomysłu. Chcemy
wykombinować coś w miarę neutralnego . . . Nawet kiełbasa wydałaby
mu się podejrzana. Stoimy więc w miejscu. Kosmiczna alienacja. Dobrze
wiedział, że o nim myślę. Splunął, buldożer-telepata . . .

Absolutely! *Discipline and Punish* by Foucault. Contrition & penance. Correctional facilities to keep the crowds busy and entertained. Then again the intestines thrown to ravens/jays/pterosaurs still tempt us. We peek at porn flicks with stallions in the lead role. A male pig mounting an innocent princess. Shit, worms, festering cocks ... (When will they start giving us free morphine?) And yet we peek. *A steam machine for the 'celeriferous' correction of young boys and girls.* Scaffolds and stakes. I cover my windows. I think I look like a person who violates the law. Public enemy for no apparent reason. *Broken Covenant* ... I suffer from obsession, psychosis, personality disorder, schizophrenia, anxiety, paranoia. My neighbor has a dry cough. In a minute they will take me away. They will tear out my guts, eat my Adam's apple along with my nails.

* * *

The guy with a mustache walking away. I guess I could catch up with him and ask whether he keeps a python in his house, or likes to suck nectar from flowers. Of course we have no other ideas. We want to come up with something relatively neutral ... Even sausage would seem to him suspect. So we remain, each in his place. Cosmic alienation. He knew very well I was thinking about him. He spat – a bulldozer-telepath ...

* * *

Kolekcjonerzy: *Filiżanka trafiła do sklepu na Amagerbrogade, kupiłam ją od pewnej damy, która z kolei otrzymała ją w prezencie od kuzyna, kuzyn ten służył w armii, prawdopodobnie pochodzi ona z Rosji albo nawet z Chin i chodziło być może nawet o wojenny łup, nie wiadomo, czy wypada mi ją teraz ponownie puszczać w obieg, gdyż może być pechowa i przynieść jakieś nieszczęście, nigdy nie wiadomo, co kryje się za takimi przedmiotami, ale niech się pan zdecyduje, w przeciwnym razie mogę się rozchorować i ponownie nie dojdzie już do transakcji.*

Pani Vintergaard: *I co, kupiłeś ją? Oznacza to, iż twoim przeznaczeniem jest jednak klatka, elektrowstrząsy, morfina i druga dodatkowa klatka. Porządnie zapakować, następnie zastrzyki i trzymać z dala od pieniędzy.*

[98]

* * *

Collectors: "The cup ended up in a shop on Amagerbrogade, I bought it from a grand lady, she received it as a gift from her cousin, the cousin had served in the army, it probably comes from Russia or even China, maybe it's war loot, I don't know if I should be putting it back into circulation, it may be jinxed and bring misfortune, you never know what these objects are hiding, but you, sir, have to decide, otherwise I may get sick and again there will be no deal."

Mrs. Vintergaard: "So, did you buy it? This means your destiny is a cage, electric shocks, morphine and a second additional cage. Package it neatly, then injections and keep it far from money."

Prelekcja ... Kolega z laską (gałka podrobiona, takie czasy zdewaluowane, nie mamy na srebro i kamienie) otwiera album (rzutnik, podkład dźwiękowy i ciastka), Lucas Cranach Starszy, pewna starsza dama puszcza cichego bąka i widzimy spocone (boże, zupełnie jak prawdziwe!) winogrona, Caravaggio etc. Analizujemy winogrona, potem proporcje ciała u Cranacha, potem zmieniamy na Honthorsta, Cézanne się nie załapuje, bo to już zbyt 'nowoczesne'. Acha, dźwięki (tytuły): *Tritsch Tratsch Polka*, a następnie *Banditengalopp*.

* * *

Próba przemytu kawioru udaremniona. Niczego więcej się dzisiaj nie dowiedziałem. Zdradzam Stwórcę, marnuję ziemski czas ...

* * *

A lecture . . . The fellow with a cane (fake knob, in these devalued times we can't afford silver or precious stones) opens the album (projector, soundtrack, cookies), Lucas Cranach the Elder, a certain elderly lady lets out a silent fart, next we see the sweaty (God, just like the real thing!) grapes, Caravaggio, etc. We analyze the grapes, then the body proportions in Cranach, then we turn to Honthorst. Cézanne doesn't make it since he's too "modern." Oh, and the sounds (titles): *Tritsch Tratsch Polka*, then *Banditen-Galopp*.

* * *

Caviar smuggling attempt thwarted. I haven't learned anything else today. I'm betraying the Creator, wasting my time on earth . . .

* * *

ANKIETA (rasa, pochodzenie, stan majątkowy, długość trzeciej nogi): Jestem wnukiem bogatego kupca z miasta Danzig. Wbijcie to sobie w wasze parszywe, pancerne fałdy: JESTEM WNUKIEM BOGATEGO KUPCA Z MIASTA DANZIG! Kasa? Brrrrrrr. . . . Rozeszła się szybko w drugim pokoleniu.

* * *

Czy chcesz, żeby pochowali ciebie na cmentarzu parafialnym na wyspie Amager? – zapytała mnie pewna duńska niewiasta. Przewidziałem wszystko, ale to mnie zamurowało.

* * *

A questionnaire (race, background, financial situation, length of third leg): I am the grandson of a wealthy merchant from the city of Danzig. Get it into your rotten, ironclad brains: I AM THE GRANDSON OF A WEALTHY MERCHANT FROM THE CITY OF DANZIG! Cash? Pfffffff . . . It was frittered away by the second generation.

* * *

"Do you want to be buried in the parish cemetery on Amager Island?" – a certain Danish woman asked me. I had foreseen everything, but her question stumped me.

* * *

Mało starców na ulicach Kopenhagi. Starcy pozamykani są w pensjonatach, w domach opieki, umierają z dala od świata ludzi zdrowych. Z dala od ludzi mobilnych, produkujących, zmieniających, decydujących . . . Bardzo rzadko widzi się tutaj ludzi po siedemdziesiątce. Ostatnio tzw. radio dla dzieci. Dzieci opowiadające o starych ludziach: *Starcy śmierdzą, głupio się ubierają, mają niemodne fryzury.* Starcy śmierdzą, głupio się ubierają, mają niemodne fryzury? I żadnego dziadka, czy babci kupującej lody? Chłodna, naturalna selekcja. Przydatność lub nieprzydatność w systemie. Pragmatyzm. Brak uczuć. Brak człowieka. (Dzieci nauczyły się tego od swoich rodziców, a ci z kolei od swoich.) Państwo opiekuńcze.

W pensjonatach fachowy personel: starcy piją kawę Gevalię i wytrwale grają w warcaby. Nikt nie umiera tu na ulicy. Śmierć jest tematem tabu.

* * *

There are few old people on the streets of Copenhagen. The
elderly are kept inside retirement centers and nursing homes. They
die far from the world of healthy people. Far from the mobile people,
productive people, people who make changes, make decisions . . .
You very rarely see a person past seventy. Recently I was listening to
the so-called Children's Radio. Children discussing old people: *Old
people stink, they dress funny, have unfashionable hairdos.* Old people
stink, they dress funny, have unfashionable hairdos? And no grandpa
or grandma to buy you ice cream? Natural selection. Usefulness or
uselessness within the system. Cold pragmatism. No feelings. No
humanity. (Children learn it from their parents who in turn learned it
from theirs.) Welfare state.

Inside the retirement centers, professional staff: the elderly drink
Gevalia coffee, play checkers tenaciously. No one dies on the street
here. Death is taboo.

La Madonnina płacząca krwią. Mała, gipsowa figurka Matki Boskiej w miejscowości Civitavecchia, 30 km od Rzymu. Czy biskup, Monsignore Girolamo Grillo, był naprawdę świadkiem tego wydarzenia? Jeśli tak, byłby to kolejny dowód na istnienie Czegoś potężnego i niewytłumaczalnego, Zjawiska, którego nie można ignorować, gdyż przerasta wszystko, o czym nauczano nas na lekcjach matematyki, fizyki i chemii. (Giuseppe Baccarelli, *La storia della Madonnina delle Lacrime di Civitavecchia, Roma 1995.*)

* * *

Duchy: są ulotne i milczą. W przeciwieństwie do nas.

* * *

La Madonnina weeping blood. A small plaster statue of the Holy
Virgin in the town of Civitavecchia, 30 km from Rome. Was the
bishop, Monsignore Girolamo Grillo, really a witness to the event?
If so, this would be additional proof of the existence of Something
powerful and unexplainable, a Phenomenon that cannot be ignored,
that transcends everything we had been taught in mathematics,
physics, and chemistry classes. (Giuseppe Baccarelli, *La storia della
Madonnina delle Lacrime di Civitavecchia,* Roma 1995.)

* * *

Ghosts: they are fleeting and silent. In contrast to us.

* * *

W końcu musi się coś definitywnego wydarzyć. Po okresie suszy
– deszcz. Szczęście przyjdzie znienacka itd. Każdego dnia liczymy na
odmianę sytuacji, a przecież dobrze wiadomo, jakie są szanse wygrania
na loterii. ("J. Hansen chciał wyrzucić kupon, ale się w ostatniej chwili
rozmyślił!") *Tylko ciężką pracą, tylko ciężką pracą . . .* – jak słusznie mawiają
zgarbieni, żeglujący już do Pana starcy.

* * *

Myślałem, że z wiekiem zapomnę. Po cichu liczyłem na buddyjskie
mandale i na odwiedziny nieśmiertelnych kryształów. Bezskutecznie!
Coraz częściej powraca "Sąd Ostateczny" Hansa Memlinga. Właśnie tak
to sobie wyobrażam, choć nigdy w życiu nie przebywałem w Brugii.
Kwestia dowodów? Być może, ale ja widzę wszędzie tylko przegrane
ludzkie odwłoki i św. Michała w błyszczącej zbroi. Stoję blisko niego.
W którą stronę tryptyku dane mi będzie się udać?

* * *

Something will come along in the end. After a period of draught – rain. Fortune strikes suddenly, etc. Every day we expect a lucky break, and yet we know what the odds are of winning a lottery. (*J. Hansen wanted to toss the ticket, but at the last minute changed his mind!*) "Only hard work, only hard work," the elderly are right to say, sailing hunched over towards the Lord.

* * *

I thought I would forget it with age. I had secretly hoped for Buddhist mandalas and visits from immortal crystals. No use! I'm reminded increasingly of Hans Memling's *The Last Judgment*. That's how I envision it, though I've never lived in Bruges. A question of evidence? Maybe, but all around me I see only defeated carcasses and the Archangel Michael in his shining armor. I'm standing close to him. Which side of the triptych am I destined for?

Uwaga na dentystów! Mogą wmontować do zęba odpowiedni "dimsik" i wtedy koniec z naszą psychiczną niezależnością. Mój poczciwy specjalista od szczęki – Per Larsen! Czyżby i on był Człowiekiem w Czerni? Ostatnio zbiorowa paranoja w tym kierunku. Wielka Kontrola pod kołdrą i podczas oddawania moczu! Stajemy się ubezwłasnowolnionymi, dyrygowanymi przez tajemne siły robotami. Łatwa metoda na wytłumaczenie migreny, zaburzeń umysłowych, depresji . . . (Każda teoria konspiracyjna rodzi z miejsca nową!) Pocieszam się, że w innych zakątkach Mgławicy . . . Oni mogą być przecież jeszcze bardziej zwariowani niż my.

* * *

W *Słuchaczach* Jamesa E. Gunna: "*– A może wszyscy tam tylko słuchają –*" *rzekł Adams markotnie.* "*– Może wszyscy tam siedzą i słuchają, tak samo jak my, bo to o wiele taniej, niż nadawać.*" (Przeł. Marek Marszał, Iskry, Warszawa 1987.)

* * *

Beware of dentists! They might insert into your tooth a special "chip" and you can say goodbye to your mental independence. My friendly jaw specialist – Per Larsen! Is he also a Man in Black? That's the most recent collective paranoia. Total Control under bed covers and while urinating. We are becoming robots, deprived of free will and directed by mysterious forces. This can easily explain our migraines, mental disorders, depression . . . (Every conspiracy theory spawns a new one!) I console myself that in the other corners of the Nebula . . . They may be even crazier than we are.

* * *

From *The Listeners* by James E. Gunn: *"Or what if everybody's listening," Adams said gloomily, "Maybe everybody's sitting there, listening, just the way we are, because it's so much cheaper than sending."*

* * *

Do Phnom Penh powrócili dwaj czołowi mordercy świata – Khieu Samphan i Nuon Chea. Padły oczywiście słowa skruchy. (Było dużo przepraszania!) Był również kosmiczny komentarz . . . Nuon Chea okazał się (niespodziewanie) sympatykiem zwierząt: *Jest mi oczywiście przykro, lecz nie tylko z powodu śmierci ludzi. Jest mi również przykro z powodu śmierci zwierząt. Ludzie i zwierzęta ginęli razem, ponieważ chcieliśmy wygrać wojnę.* Khieu Samphan podsumował sprawę bardziej konkretnie: *Zapomnijmy o przeszłości, myślmy teraz o przyszłości kraju.*

* * *

Two of the world's leading murderers, Khieu Samphan and Nuon Chea, have returned to Phnom Penh. Of course they expressed contrition. (There was plenty to apologize for!) There was also this cosmic commentary . . . Nuon Chea turned out to be (unexpectedly) a lover of animals: *Of course I am sorry, but not only about the loss of human life. I am also sorry about the death of animals. People and animals perished together, just because we wanted to win the war.* Khieu Samphan summed up the matter more succinctly: *Let's forget the past and concentrate on our country's future.*

Poezja inspirowana, tajemnicze szepty, tzw. autentyzm. Dużo osób wyjeżdża obecnie do Katmandu, przerzuca się na warzywa albo na język Gurkhów. Potem powstają pamiętniki: dematerializacja ciała, teleportacja. (Mistrzu taki, guru owaki.) Herbata z masłem, lewitujący ponad szczytami yeti. W Danii również chwilowe odejście od miasta, fascynacja prostą, niskokaloryczną przeszłością: *Krowy były mądre / Żując trawę, spokojnie obserwowały niebo / Ludzie pracowali do nocy / Potem jedli kartofle, pili zsiadłe mleko i szybko usypiali na kilka godzin / Budzili się wcześnie rano / Rano jedli chleb z masłem i pili zbożową kawę / Odprowadzali na łąkę krowy / Umierali / Nie mieli nigdy czasu na zbędne rozmyślania . . .*

Najlepiej prostuje te sprawy Alexandra David-Néel. W książce *Mistycy i cudotwórcy Tybetu* opisuje m.in. szybkobiegacza. Facet się poświęcił (lata ciężkich wyrzeczeń i pracy), w coś tam zainwestował, do pewnych krain się w końcu "dopukał". Jak mawiał Żaba z ulicy Gierymskiego na Dolnym Mokotowie: *Też bym to zrobił, ale za dużo piłem.*

* * *

Inspiration poetry, mysterious whisperings, so-called "authenticity."
These days many people leave for Kathmandu, switch to vegetables or
the language of the Gurkhas. Then come memoirs: dematerialization
of the body, teleportation. (Master this, guru that.) Butter tea, yeti
levitating above the peaks. In Denmark there is also a temporary
withdrawal from the cities, a fascination with the simple, low-calorie
past: *Cows were wise / chewing grass they calmly watched the sky / People
worked till dusk / Then ate potatoes, drank curdled milk, slept for a few
hours / Woke up early in the morning / Ate bread with butter, drank grain
coffee / Herded their cows to the meadow / Died / Never had time for useless
speculations . . .*

Alexandra David-Néel explains the idea most clearly. In her book
Magic and Mystery in Tibet she describes "the runner" (among others).
The guy dedicated himself to something (through years of sacrifice and
hard work), invested in something, knocked on certain doors and was
answered. As Frog from Gierymski Street (Dolny Mokotów) used to
say: "I could have done it too, but I drank too much."

Daktylowe palmy na Plaça Reial. (W Barcelonie nadal bije się dzieci po twarzy.) Prostytuki i bezzębni sprzedawcy katalońskiej loterii sennie wpatrują się w uliczne latarnie mistrza Gaudíego. Czy Gaudí zostanie świętym? (*Associació pro Beatificació d'Antoni Gaudí* pieczołowicie zbiera podpisy!) Federico, miejscowy głupek, przynosi mi w podarunku zdechłą papugę. (Wszyscy kończą tutaj w podobny sposób!) Otwieram kolejną butelkę musującego wina. Asymilacja? Czyżbym miał przenieść się na stałe na Południe? Następnego dnia – krawędź świata! Budzę się znów w Kopenhadze. Deszcz, syreny okrętów, wędzone makrele . . . Każdy ma swoje własne "dekoracje". Słabość do kiszonych ogórków albo do obrazów Tadeusza Brzozowskiego? Trzeba z tym walczyć. Mieszać alkohole, destabilizować umysł. Ale i tak powraca się zawsze do punktu wyjścia. Wielki Plan; zakodowane smaki; ludzie, z którymi przyjdzie się spotkać; śmierć.

Date palms on Plaça Reial. (In Barcelona children still get slapped in the face.) Prostitutes and toothless Catalan lottery vendors dreamily stare at the streetlamps of Master Gaudí. Will he be made a saint? (*Associació pro Beatificació d'Antoni Gaudí* is assiduously collecting signatures.) The local idiot Federico presents me with a dead parrot. (Here everyone ends up like this!) I open another bottle of sparkling wine. Assimilation? Am I going to move permanently to the South? And the next day – to the edge of the world! I wake up in Copenhagen again. Rain, the sound of ship horns, smoked mackerel . . . Everyone has their own "decor." A weakness for pickles or for the paintings of Tadeusz Brzozowski? You've got to fight it. Mix drinks, destabilize the mind. Yet even then you always return to the starting point. The Master Plan; your hard-wired appetites; people you are going to meet; death.

* * *

Kolejna tragedia. Tym razem sekta Heaven's Gate . . . Przebiegłemu
Marshallowi znudziły się śliwki i gryzie teraz ziemię. Jego wspólniczka,
Bonnie Lue, też już dawno nie żyje. (Kometa Hale'a Boppa szuka
nowych towarzyszy!) W tym krótkim czasie możemy połykać widelce,
czytać w kółko Cervantesa albo obserwować tęczę. Czy jest jakieś inne
rozwiązanie?

* * *

A jeśli w życiu pozagrobowym również obowiązuje znajomość
języków obcych? Ponieważ tyle już wycierpiałem starając się mówić po
duńsku, proszę mnie koniecznie umieścić w strefie polskiej . . .

Another tragedy . . . This time it's the sect Heaven's Gate. The cunning Marshall grew tired of plums and now he is pushing up daisies. His accomplice Bonnie Lue has also been dead for a while. (Comet Hale-Bopp is seeking new comrades!) In the little time we have remaining we can swallow forks, keep rereading Cervantes, or watch a rainbow. Is there any other solution?

* * *

What if even in the afterlife you have to know foreign languages? Since I have already suffered so much trying to speak Danish, make sure to assign me to the Polish zone . . .

* * *

Freud obawiał się metafizyki i dlatego nie poszedł (nie cofnął się) dalej. Jego ostatnią "stacją" były wspomnienia z życia wewnątrzmacicznego. Całe szczęście. W ten sposób zostało nam coś na potem.

* * *

Stary pomysł z amputowaną np. nogą. Czy należy ją pochować i jaki ew. napis umieścić na kamyku? *Kantyczka dla Leibowitza* Waltera M. Millera Jr. (Nagroda Hugo, 1960): obsesja z kolei dodatkowej (mutacja) głowy. Ochrzcić taką głowę, czy nie ochrzcić? Bo jak głowa, to może i coś więcej za tym się kryje? Coś wiadomego (ale o tym nieoficjalnie, po cichu) w środku.

* * *

Freud was afraid of metaphysics and thus did not proceed (retreat) further. His last "stop" was the memory of intrauterine life. Fortunately. This leaves us something for later.

* * *

The old dilemma: what to do with an amputated leg (for example)? Should it be buried? And what inscription, if any, should be placed on the stone? In *A Canticle for Leibowitz* by Walter M. Miller, Jr. (Hugo Award, 1960) the quandary is about an extra head (mutation). To baptize or not to baptize? Because if it's a head there could be something more to it? Something known (albeit unofficially, secretly) to the head itself?

Człowiek z Cro-Magnon (już widzę mojego profesora Yanga od biologii!) odczuwał wstręt do kanciastego neandertalczyka (nikomu nie ubliżając, coś w stylu waterpolisty Kima z kursu niemieckiego!). A może się ze sobą sparzyli? (Pamiętam jak profesor Yang i waterpolista Kim szczebiotali przy zamkniętych drzwiach.) Ewolucja, miłość, kontrasty. Czy to ma teraz jakiekolwiek znaczenie? Stało się przecież to, co miało się stać. Nikomu nie ubliżając (*tereny budowlane w Tikal musiały mieć szczególne znaczenie!*) i respektując apokryficzną Księgę Henocha . . . Kosmiczna archeologia? Patrz: twój owłosiony sąsiad brandzlujący się w pisuarze.

* * *

Muzeum Historyczne na Gotlandii: w szklanej gablocie czaszka rycerza poległego w obronie Visby w 1361 roku. Trzy metalowe, przerdzewiałe groty precyzyjnie wbite w tył głowy. *Równie dobrze mogli zatopić go w tłuszczu* – słyszę za plecami. Ale czy wtedy ktokolwiek zwróciłby na niego uwagę?

The Cro-Magnon Man (I can see my biology professor Yang!) felt repulsion toward the angular Neanderthal (no offense, but looking rather like the water-polo player Kim in my German language course!) Or did the two mate? (A memory of Yang and Kim chirping behind the closed door.) Evolution, love, contrasts. Is that of any importance today? After all, what was supposed to happen happened. No offense (*the construction sites in Tikal must have been of particular importance!*) and with due respect to the apocryphal Book of Enoch . . . Cosmic archeology? Look: the hairy guy jacking off at the urinal next to you.

* * *

The history museum in Gotland. Inside the glass display case, the skull of a knight who perished during the siege of Visby in 1361. Three rusty metal spearpoints driven with great precision into the back of the head. "They could just as easily have drowned him in oil," says a voice behind me. But in that case, would anyone pay him any attention?

* * *

Dzisiejszy dialog w autobusie linii 350S:
– *Ile lat liczy Ziemia?*
– *To zależy.*
– *Zależy od czego?*
– *Od twego wieku.*

* * *

Przewrotna, babilońska telewizja. Najpierw sprzedawczyni ryb, która domaga się zdecydowanych kroków ze strony wojsk NATO. Pragnie wojny lądowej i szybkiego ukarania Serbów. *Naród serbski ponosi odpowiedzialność za zbrodnie w Kosowie!* – krzyczy do mikrofonu. W chwilę potem program przyrodniczy, tym razem o waranach z indonezyjskiej wyspy Komodo. W 1976 roku zjadły szwajcarskiego barona, który przez pomyłkę oddalił się od swojej grupy. Co się stało z jego lornetką? Odnaleziono ponoć tylko but barona . . . Czy był to but lewy czy prawy? Tego niestety nie powiedziano, a każdy "sygnał" jest przecież niezwykle istotny. Może nie były to warany, a jakiś zgłodniały tubylec? "Dla każdego coś miłego". NATO albo wyrośnięte, przedpotopowe jaszczurki. Wieczorem obligatoryjne sztuczne piersi i raz na tydzień oblężenie Konstantynopola (gdzie się podziały zwłoki Konstantyna XI?). Półroczna opłata za telewizję wynosi obecnie w Danii 942 korony, kwartalny dodatek za telewizję kablową – 340 koron.

* * *

Today's conversation on the bus line 350S:
 – "How old is the Earth?"
 – "It depends."
 – "Depends on what?"
 – "On your age."

* * *

Perverse Babylonian television. First, a fish seller calling for decisive action on the part of NATO troops. She demands a ground war and the quick punishment of the Serbs. *The Serbian nation bears responsibility for the crimes in Kosovo!* she shouts into the microphone. Moments later, a nature program, this time about dragons on the Indonesian island of Komodo. In 1976 they devoured a Swiss baron who strayed too far from the group. What happened to his binoculars? Reportedly only his shoe was found. Left shoe or right shoe? Unfortunately that wasn't disclosed, even though every "detail" is very important. Perhaps it wasn't a dragon, but some hungry native? Something for each and everyone. NATO or overgrown antediluvian lizards. In the evening the obligatory artificial breasts and, once a week, the siege of Constantinople (what happened to the corpse of Constantine XI?) In Denmark TV access costs 942 crowns for six months. The quarterly supplement for cable: 340 crowns.

* * *

Dlaczego Ziemia ureguluje w końcu twoje wieczne długi, związane
z niekompetentnym prowadzeniem (przez siostrę twojej ciągle
niezadowolonej z życia żony) plantacji ananasów na bulgoczącej wyspie
Molokai? To całkiem proste, Mick! Ponieważ na twój parszywy widok,
zechce jej się kiedyś rzygać. A wiadomo na co stać tamtejsze wulkany.

* * *

Co będą jeść Albańczycy? Będą jeść pieczone kurczaki, sałatkę
z holenderskich pomidorów i duńskie ziemniaki z wyspy Samsø. Otrzymają
pomoc wykwalifikowanych psychologów i wygodne, metalowe łóżka.
Zbadamy im zęby i w razie potrzeby zrobimy odpowiednie testy krwi.
Ogółem przyjmiemy 1500 Albańczyków. Pierwszeństwo będą mieć
ciężarne, starcy i niedorozwinięte dzieci. Po zakończeniu bombardowań
odeślemy ich z powrotem do domu. Na drogę otrzymają dodatkowe paczki
żywnościowe oraz niewielką sumę pieniędzy, która pozwoli im na ponowne
zagospodarowanie się. (Z duńskiej "debaty" dot. uchodźców z Kosowa.)

Why will the Earth eventually settle your perpetual debts, caused by the incompetent management (by the sister of your constantly unhappy wife) of a pineapple plantation on the bubbling island of Molokai? It's quite simple, Mick! Because one day, having looked at your rotten face, it will vomit. And we know what those volcanoes are capable of.

* * *

What will the Albanians eat? They will eat roasted chicken, a salad of Dutch tomatoes, and potatoes from the island of Samsø. They will receive assistance from qualified psychologists and comfortable metal beds. We will examine their teeth and if necessary perform appropriate blood tests. Overall, 1500 Albanians will be admitted. Priority will be given to pregnant women, the elderly, and mentally disabled children. After the bombing we will send them back. They will receive additional food parcels and a small sum of money needed to set up their households again. (From the Danish "debate" concerning refugees from Kosovo.)

*   *   *

Postawa idealistyczna, czyli w jaki prosty sposób można pozyskać sobie sympatię bogatego właściciela ekologicznej farmy na Fionii: *Odchody Pańskiego konia też się na coś przydają.* Następnie kilka sekund regulaminowej ciszy. A potem już konkretnie: *Na pieczarki.*

*   *   *

www. jennicam.org – czyli najbardziej obecnie popularna cybernetyczna bogini! 23-letnia Jennifer Ringley – 24 godziny na dobę! Jenni czyta książki, Jenni spożywa posiłki, Jenni kąpie się w wannie i pieści się z kochankami. Jennifer Ringley – jej własna twórczość poetycka, jej ulubiona muzyka, filmy i aktorzy. Ostatnie sny Jenni, gimnastyka Jenni, pamiętnik Jenni – Wszystko o Jenni . . . Pamiętajcie wpisać dokładnie adres! Jeśli zamiast "jennicam" podacie "jennycam" (albo zamiast "org" – "net"), natraficie na porno! (Pojawiła się fałszywa Jennifer Ringley!) W przypadku darmowych "wizyt" u Jenni – nowe zdjęcie co 20 minut. Za 15 $ rocznie – co 2 minuty.

* * *

A visionary attitude, or how to win the sympathy of the rich organic farm owner on Funen: "Sir, your horse's dung can be useful too." A few requisite seconds of silence. Then the specifics: "For mushrooms!"

* * *

www.jennicam.org – currently the most popular cyber goddess! Twenty-three-year-old Jennifer Ringley, twenty-four hours a day! Jenni reading books, Jenni eating meals, Jenni taking a bath and making out with her lovers. Jennifer Ringley, her own poetry, her favorite music, movies and actors. Jenni's latest dreams, Jenni's exercise routine, Jenni's diary . . . All about Jenni. Make sure to type in the correct address! If instead of "jennicam" you write "jenny-cam" (or "net" instead of "org") you'll end up with porn! (There already is a false Jennifer Ringley!) For a free "visit" to Jenni, you get a new picture every twenty minutes. For $15 a year, every two minutes.

* * *

Dzisiejszy dostawca czekoladek i gumy do żucia (w SuperBrugsenie na Christianshavn) jest wyjątkowo tłusty i ma nienaturalnie rozciągnięte usta. Przynajmniej jakiś ostatni autentyk . . . Zaangażowany w swoją parszywą pracę.

* * *

W *Księdze Rekordów Guinnessa* (1999) tylko czterech duńskich pisarzy: H.C. Andersen, Morten Korch (historyjki z Fionii), Peter Høeg (ten od *Panny Smilli*) oraz Willy Breinholst. Willy Breinholst pochodzący z Amager, debiutował w wieku 9 lat w *Piśmie dla chłopców* (*Drengebladet*). Jest on ponoć jedynym pisarzem na świecie, który figurował na niemieckiej liście bestsellerów nieprzerwanie przez 450 (!) tygodni. Napisał 164 książki, wydano je w przeszło 100 krajach i osiągnęły łączny nakład 60 mln egzemplarzy. Nic dodać, nic ując. Absolutny rekordzista . . .

Księga Guinnessa? Fascynowali mnie zawsze ludzie z gigantycznymi językami. Ciekawy był również pewien guru, wytrwale turlający się (tysiące kilometrów) po indyjskich, malarycznych zadupiach. Zakrwawiony, miał poczucie misji. Natomiast przesiadywanie bez maski tlenowej pod wodą? Bullshit! Nigdy mnie to nie inspirowało.

* * *

Today's supplier of chocolate and chewing gum (at the SuperBrugsen in Christianshavn) is unusually fat and has unnaturally distended lips. Here, at least, the last original . . . Doing his crappy job.

* * *

There are only four Danish writers in *The Guinness Book of Records* (1999): H. C. Andersen, Morten Korch (stories from Funen), Peter Høeg (*Miss Smilla*) and Willy Breinholst. Willy Breinholst, who comes from Amager, made his debut at the age of nine in *Magazine for Boys* (*Drengebladet*). He is reportedly the only writer in the world to appear on the German bestseller list continuously for 450 (!) weeks. He has written 164 books. They were published in over 100 countries and have reached a total circulation of sixty million copies. No more, no less. The absolute record . . .

The Guinness Book? I was always fascinated by people with giant tongues. Also of interest was a certain guru who tenaciously rolled across (thousands of kilometers) the malaria-ridden Indian backwater. Covered in blood, he had a sense of purpose. But sitting underwater without an oxygen mask? Bullshit! That never inspired me at all.

* * *

Damhus Tivoli. Nadmiar protein zmienia nam charaktery! To nie jest
Henri Rousseau i jego *Sen*. To niewyżyte dziewczyny z fabryki rybnych
pulpetów i pachnący ośmiogodzinnym potem chłopcy ze stacji Shella:
największe wzięcie mają tutaj blaszane helikoptery. (Pieczony kurczak
przeistacza się szybko w różowego pawika!) Każdy ma przecież prawo
decydować o swojej własnej przyszłości. Dzisiaj skrzyżuję się z roślinami.

* * *

Księżniczko z magazynu płyt kompaktowych w Herlev! Ile
zniszczonych przyjaźni, szybkich noży i poniżenia z powodu twojego
niedostępnego zadka! A przecież i tak zdobył cię w końcu Bjarni, ten
poczciwy cherubin o twarzy zamyślonego, bojącego się ptaków dziecka.
Gdy spotkaliśmy się potem przypadkiem w Kongens Have, wyglądałaś już
jak przestraszona, pośpiesznie zapłodniona mysz.

Damhus Tivoli. Too much protein alters our behavior! This is not Henri Rousseau and *The Dream*. These are oversexed girls from the fishball factory and boys from the Shell gas station reeking of eight-hour sweat. The greatest demand is for tin helicopters. (Roasted chicken soon turns into flying vomit!) After all, everyone has the right to decide their own future. Today I shall couple with plants.

* * *

My princess from the Harlev CD store! How many ruined friendships, fast knives, and degradation on account of your unavailable buttocks! And yet in the end you were conquered by Bjarni, that kind cherub with the face of a pensive child afraid of birds. Later, when you and I met by accident in Kongens Have . . . you already looked like a frightened, hurriedly impregnated mouse.

* * *

Co przeraża mnie w Danii (krainie Bohra i Kierkegaarda, państwie opiekuńczym, tolerancyjnym, o wysokiej stopie życiowej etc.)? Przeraża mnie homo sapiens. Podobnie jak w Wilanowie i w pozostałych, bogu ducha winnych, zakątkach Ziemi. Przeraża mnie homo sapiens.

* * *

Aleksandras Vozbinas wytrwale malował w Wilnie tajemniczego Amona-Re. (Potem obserwował ze mną duńskie gwiazdy, pił litewską wódkę i dyskutował o wyprawie krzyżowej pod wodzą Piotra Pustelnika.) Podróże naszych obsesji są niezbadane! Amon wisi teraz w moim smutnym przytułku na Christianshavn. W pobliżu porcelanowej sowy, którą odziedziczyłem kiedyś po babci, pochodzącej z Wolnego Miasta Gdańska.

* * *

What terrifies me in Denmark (the land of Bohr and Kierkegaard, a caring and tolerant state, with a high standard of living, etc.)? What terrifies me is *homo sapiens*. Also in Wilanów and other wholly innocent corners of the Earth. What terrifies me is *homo sapiens*.

* * *

In Vilnius, Aleksandras Vozbinas tirelessly worked on a portrait of the mysterious Amon-Re. (Afterwards, he and I gazed at Danish stars, drank Lithuanian vodka, discussed Peter the Hermit's crusade to the Holy Land.) The uncharted wanderings of our passions! Amon-Re now hangs in my sad little haven in Christianshavn. Close to the porcelain owl I once inherited from my grandmother, which dates back to the Free City of Gdańsk.

* * *

Antyk i tylko antyk! Jerry odświeżył sobie jakiś czas temu Homera.
Biedak, ma teraz z tego powodu poważne kłopoty. (Alkoholizm i koń
trojański . . . to niebezpieczna, wybuchowa mieszanka!) Oto jego relacja:
*Śniło mi się, że byłem w pałacu króla Priama. Widziałem tam syna Hiketaona,
Melanipposa. Melanippos pił wino i wyglądał na szczęśliwego. Kobiety
nacierały go olejkami. Wojna się jeszcze nie rozpoczęła. Chciałem go ostrzec,
lecz wtedy przebudziłem się na powrót w swoim wilgotnym pokoju, na
dziurawym materacu. Zapaliłem ostatniego papierosa, zza ściany doleciał
zapach smażonej cebuli. Wojna się jeszcze nie rozpoczęła. Karaluchy spały . . .*

I nie wiadomo jakie będą tego dalsze konsekwencje. Jerry jest chwilowo
pod naszą baczną obserwacją. Namawiamy go usilnie na *Kubusia Fatalistę*,
ale na razie bez skutku. Jerry był przecież w pałacu króla Priama. Takich
"widoków" łatwo się nie zapomina.

* * *

Classics, only the classics! Some time ago Jerry had a chance to brush up on his Homer. Poor guy, since then he's been having serious problems. (Alcoholism and the Trojan horse . . . there's a dangerous, explosive combination!) Here's his account: "I dreamed I was in King Priam's palace. I saw Hiketaon's son, Melanippos. Melanippos was drinking wine and looked happy. Women were rubbing him with oil. The war hadn't started yet. I wanted to warn him, but in that instant I woke up in my damp room, on my mattress full of holes. I lit my last cigarette, I could smell fried onions from across the hall. The war hadn't started yet. The cockroaches were asleep . . ."

Nobody knows what's going to happen next. We are monitoring Jerry carefully. We are urging him to read *Jacques the Fatalist*, so far without success. After all, Jerry had been to King Priam's palace. You don't forget such "sights" easily.

Szczęśliwy Chögyam Trungpa i jego *Shambhala*: "*When I was in Texas a few years ago, I saw thousands of grasshoppers. Each one of them had its own approach, and they were striped with all sorts of colors. I didn't see any purple ones, but I saw copper, green, beige, and black ones, with occasional red spots on them. The world is very interesting wherever you go, wherever you look.*"

* * *

Kaktusy: wiedzą wszystko o naszych finansowych problemach. (Znają na pamięć nasze kochanki!) Rosną najszybciej, gdy nie ma nas w domu.

* * *

The happy Chögyam Trungpa and his *Shambhala*: *When I was in Texas a few years ago, I saw thousands of grasshoppers. Each one of them had its own approach, and they were striped with all sorts of colors. I didn't see any purple ones, but I saw copper, green, beige, and black ones, with occasional red spots on them. The world is very interesting wherever you go, wherever you look.*

* * *

Cactuses. They know all about our money problems. (They know our ex-lovers by heart!) They grow fastest when we are not at home.

* * *

Kremacja czy tradycyjny pochówek? (W pragmatycznej Szwecji skandal i protesty, ktoś wpadł na pomysł, żeby ciepłem z krematorium ... ogrzewać osiedle mieszkaniowe!) A może w sposób tybetański, głodnym ptakom na pożarcie?

Co zrobić z bezużytecznym ciałem?

Na jaki wariant się zdecydować?

* * *

Jesień. Ta pora roku wyjątkowo mi odpowiada. Od kilku dni nie wychodzę na zewnątrz. Mam doskonały argument: sztorm i ulewny deszcz, ryzyko zapalenia gardła, depresja na widok nisko przemieszczających się chmur ... Wszystko ponownie odbywa się bez mojego udziału. Ich małe, gówniane rewolucje za moim dobrze uszczelnionym oknem!

* * *

Cremation or traditional burial? (Scandal and protests in pragmatic
Sweden: someone came up with the idea of warming a housing complex
. . . with the heat from a crematorium!) Or how about the Tibetan way –
to be devoured by hungry birds?

What to do with the useless corpse?

Which option to choose?

* * *

Autumn – a season that suits me particularly well. For several days
I haven't been outside. I have an excellent reason: a storm, heavy rain,
the risk of getting a sore throat, depression at the sight of low-moving
clouds . . . Again, life goes on without me. Their little, shitty revolutions –
outside my well-insulated window!

* * *

Największą atrakcją Kopenhagi są bez wątpienia gwardziści
Małgorzaty II. Można zobaczyć ich przy Amalienborgu (wersja live!),
na stacji Mir lub w gorącym Pitagorionie. (Kaligula też lubił Samos.)
Każdy turysta chce mieć zdjęcie z duńskim gwardzistą. (Muszą być
w to zaplątane międzynarodowe firmy: Nikon, Agfa i Kodak.)

* * *

Wraz z naszą śmiercią przestajemy mieć kaca, zepsuty samochód,
niewierną żonę, alergię na księżyc, cholesterol, długi, hałaśliwych
sąsiadów, zaniki pamięci, krótkie nogi, złośliwego spowiednika, et cetera,
et cetera . . . Bądźmy więc dobrej myśli!

* * *

The guardsmen of Margrethe II are undoubtedly Copenhagen's biggest attraction. You can see them at the Amalienborg Palace (live version!), on the Mir space station and in hot Pythagorion. (Caligula also liked Samos.) Every tourist wants to have a picture taken with a Danish guardsman. (International companies Nikon, Agfa, and Kodak must be implicated.)

* * *

The moment you die, you cease to have hangovers, a car that breaks down, an unfaithful wife, an allergy to the moon, bad cholesterol, debts, loud neighbors, memory loss, short legs, a malicious confessor, et cetera, et cetera . . . So let's be positive!

Listopad, czyli wspaniały, poza Skandynawią mało znany,
Henrik Nordbrandt (1945–):
Rok ma 16 miesięcy: listopad
grudzień, styczeń, luty, marzec, kwiecień
maj, czerwiec, lipiec, sierpień, wrzesień
październik, listopad, listopad, listopad, listopad.

* * *

Cerber. Cerber. Niewyraźny księżyc. (Pająki znów na posterunku.)
W oddali dzwony wzywają do modłów. Oddech staje się płytki i
nieregularny. Następuje erekcja członka, zmienia się ciśnienie krwi . . .
Wszystko zależy nagle od umiejętnego ułożenia ciała i dotychczasowej
diety. Od głębokości naszego snu. (*Krzysztofowi Jaworskiemu*)

November, i.e., the wonderful (little known outside Scandinavia)
Henrik Nordbrandt (1945–):
The year has sixteen months: November,
December, January, February, March, April,
May, June, July, August, September,
October, November, November, November, November.

* * *

Cerberus. Cerberus. A faint moon. (Spiders are on duty again.)
In the distance bells are calling to prayer. Your breathing becomes
shallow and irregular. Erection, followed by a change in blood
pressure. It all depends on the position of your body and your
current diet. On the depth of your sleep.*

*For Krzysztof Jaworski.

* * *

Moja obecność w przyrodzie i polityce? Rzęsy! Zakładając
(program minimum), że każdego dnia wypada mi od 3 do 6 rzęs:
w ciągu roku byłoby tego 1095–2190, a od czasu wyjścia na zewnątrz
38325–76650. Niczego sobie udział.

* * *

Na polonijnym, świątecznym bazarze w Kopenhadze – *Historia
medycyny SS czyli mit rasizmu biologicznego* (Dr Yves Ternon, Dr
Socrate Helman), tłum. gen. bryg. dr med. Mieczysław Kowalski
(Państwowy Zakład Wydawnictw Lekarskich, Warszawa 1973):
*Podczas selekcji Mengele trzymał się w pobliżu rampy, gwiżdżąc arię
Caravadossiego z* Toski *"Niebo iskrzyło się gwiazdami"*.

* * *

My participation in nature and politics? Eyelashes! Let's assume every day I lose (conservative estimate) between three and six eyelashes. Within one year, that would amount to 1095–2190 eyelashes. Since I surfaced – 38325–76650. Not a bad contribution.

* * *

At the Polish Holiday Bazaar in Copenhagen *The History of SS Medicine, or the Myth of Biological Racism* (Dr. Yves Ternon and Dr. Socrate Helman, trans. Brig. Gen. Dr. Mieczysław Kowalski, Warsaw, National Institute of Medical Publications, 1973): *During the selection Mengele would stay close to the ramp, whistling Cavaradossi's aria from* Tosca, *"E lucevan le stelle."*

* * *

Wspaniale jest mieszkać nad morzem! – tak powiedział mi kiedyś
Marcus, gdy oprowadzałem go po Helsingør, miasteczku, w którym
znajduje się zamek Hamleta – Kronborg. Mieszkać nad morzem! –
powtarzałem sobie po jego wyjeździe do stolicy Polski. Wsłuchiwać się w
syreny statków, obserwować drapieżne mewy, podziwiać codzienną mgłę,
pustkę i sztorm nad duńskimi cieśninami ... Mieszkać nad morzem.
Nauczyć się mieszkać nad morzem. Mieć pomysł i wewnętrzną siłę.
Myśleć pozytywnie! Zacząć w końcu mieszkać nad morzem!

It's wonderful to live by the sea! – said Marcus once as I was showing him around Helsingør, the town where Hamlet's castle Kronborg is located. To live by the sea! – I kept repeating to myself after he left for the Polish capital. To listen to the sound of ship horns, observe the predatory gulls, admire the daily fog, the emptiness, and a storm over the Danish straits . . . To live by the sea. To learn to live by the sea. To have an idea and lots of inner strength. Positive thinking! Finally to begin to live by the sea!

17 DNI

środa: buntują się serce i lewa ręka (reklamy wieprzowiny i ananasów w puszce), 10 piw, *Hokus pokus* Kurta Vonneguta, telefon do Clausa w sprawie jego idiotycznego, ryżego zarostu, ponowne konflikty z otoczeniem

czwartek: nadal ból serca (pismo *Pomerania* z Gdańska, reklamy butów), tylko 3 piwa, ciąg dalszy Vonneguta, który zaczyna (niestety) nudzić, sztorm

piątek: serce przestało boleć (pocztówka od znajomych z Aalborga), dzień bez alkoholu, *Kowal z Podlesia Większego* – przyjemna opowiastka Tolkiena

sobota: drętwienie rąk (pusta skrzynka), wino w olbrzymiej ilości, niepotrzebne telefony, sprzeniewierzenie większej sumy pieniędzy, za ścianą znów szepty

niedziela: ponownie lewa ręka i ból serca (pusta skrzynka), kac moralny i cielesny, *Psie serce* Bułhakowa, telefon od Torbena dot. mojego telefonu do niego z dnia wczorajszego, skrytka pod kołdrą, depresja, wilgoć

poniedziałek: ból serca (zawiadomnie w sprawie remontu klatki schodowej), kilka kontrolnych piw dla zbadania stanu organizmu, trochę lepsza koncentracja, w związku z tym "Oda do Walta Whitmana" (Lorca), potem A. Lenartowski i jego *Święta Teresa z Lisieux: Cud jako negacja, to jasne.*

wtorek: ból serca i drętwienie rąk (list od przyjaciela z Polski, reklamy mięsa), żadnych kontaktów ze światem zewnętrznym, zero piwa i papierosów

środa: tabletki na obniżenie ciśnienia (pusta skrzynka), halucynacje (czyli pseudopercepcyjne wrażenia występujące bez obiektywnych bodźców zewnętrznych), program o manatach (ssakach z rzędu syren)

czwartek: drętwienie rąk (lokalna gazeta), "Jakżeż ja się uspokoję" (rękopis – kartka papieru 21 x 13,1 cm.) Stanisława Wyspiańskiego: . . . *jakżeż ja się uspokoję* . . . , no właśnie, ale tylko jedno wino z tej oczywistej okazji

piątek: ból serca, drętwienie rąk (list od siostry z Warszawy, reklama pizzy), przejście z alkoholu na haszysz jest zbawienne, ale tylko przez kilkanaście minut, potem znowu psychiczna pustynia . . . , korzenie o ludzkiej postaci

SEVENTEEN DAYS

Wednesday: heart and left hand in rebellion (ads for pork and canned pineapples), ten beers, Kurt Vonnegut's *Hocus Pocus*, phone call to Claus concerning his idiotic red beard, renewed conflicts with my surroundings
Thursday: chest pain continues (magazine *Pomerania* from Gdańsk, ads for shoes), only three beers, more Vonnegut who (unfortunately) is getting boring, storm
Friday: chest pain stops (postcard from friends in Aalborg), whole day without alcohol, nice Tolkien novella *Smith of Wootton Major*
Saturday: numbness in the hands (empty mailbox), huge quantities of wine, unnecessary phone calls, misuse of a large sum of money, more whispering behind the wall
Sunday: left hand and chest pain again (empty mailbox), moral and carnal hangover, Bulgakov's *Heart of a Dog*, phone call from Torben re my phone call yesterday to him, hiding-hole under bed covers, depression, dampness
Monday: chest pain (notification concerning the staircase repair), a few beers just to check on my physical status, concentration slightly better so on to "Ode to Walt Whitman" (Lorca), later A. Lenartowski and his *St. Thérèse of Lisieux: Miracle as negation, it's clear.*
Tuesday: chest pain and numbness in the hands (letter from a friend in Poland, ads for meat), zero contact with the outside world, no beer or cigarettes
Wednesday: pills to lower blood pressure (empty mailbox), hallucinations (i.e., perception-like experiences occurring in the absence of an objective stimulus), TV program about manatees (mammals of the order Sirenia)
Thursday: numbness in the hands (local newspaper), *How can I calm myself down?* by Stanisław Wyspiański (on a piece of paper 21 x 13.1 cm); yes, exactly . . . *how can I calm myself down?* . . . and only one bottle of wine for obvious reasons
Friday: chest pain, numbness in the hands (letter from sister in Warsaw, ad for pizza), change from alcohol to hashish proves beneficial but only for several minutes, then the mental desert again . . . human-shaped roots

sobota: ból serca (reklamy mięsa i samochodów), *Jednolita teoria czasoprzestrzeni* Adama Wiśniewskiego-Snerga, sucha pszczoła
niedziela: serce przestało boleć (pusta skrzynka), czy kiedyś odwiedzę (khana pauroti, khana, khana . . .) Prawdziwe Góry? W tym moim przeklętym stanie?
poniedziałek: pulsowanie głowy, ciśnienie? (list z Akademii), bardzo spokojny (w końcu!) dzień, rozmawiam ze swoimi roślinami, głaszczę ich liście i podlewam je wodą, tympanon z Dawidem i Betsabe (Trzebnica)!
wtorek: ból serca (pusta skrzynka), nerwowy poranek, potem wiadome rozwinięcie, na koniec senne majaki, czyżby maska mrugnęła okiem?
środa: drętwienie rąk (pusta skrzynka), w tym układzie tylko Robert Louis Stevenson i Lloyd Osbourne: – *Amen – dodał wuj Ned*, próbuję wydostać się na powierzchnię, coś tam (jednak) mnie korci, jeszcze nie nadszedł czas!
czwartek: ponownie lewa ręka (rachunki za mieszkanie), *pijemy dlatego, że nie mamy nic innego do roboty* – mówi Flemming (jemu nigdy nie urywa się film)
piątek: ból serca (pusta skrzynka) . . .

Saturday: chest pain (ads for meat and cars), Adam Wiśniewski-Snerg's *The Uniform Theory of Spacetime*, shriveled bee

Sunday: chest pain stopped (empty mailbox), will I ever (khana parouti, khana, khana) visit the Sacred Mountains? in this wretched state?

Monday: throbbing headache, pressure? (letter from the Academy), very quiet day (finally!), I talk to my plants while watering them, stroke their leaves, tympanum with David and Bethsabe (Trzebnica!)

Tuesday: chest pain (empty mailbox), nervousness in the morning, later the usual developments, at the end strange hallucinations, did the mask wink at me?

Wednesday: numbness in the hands (empty mailbox), in this condition only Robert Louis Stevenson and Lloyd Osbourne: *Amen, said Uncle Ned*, I'm trying to come up for air, but something's (still) bugging me, the time is not right!

Thursday: left hand again (utility bills), "we drink because we have nothing else to do," says Flemming (he never blacks out)

Friday: chest pain (empty mailbox) . . .

* * *

Nastaną takie czasy, o jakich ci się jeszcze nigdy nie śniło! – straszono mnie w dzieciństwie. I miano, niestety, rację. W końcu nastały.

* * *

Dłonie – dobrze mi służyły.

* * *

"Times will come you've never even dreamed of!" – I was warned in childhood. Unfortunately it was true. They came.

* * *

Hands – they served me well.

Acknowledgments

PEN American Center awarded this project a PEN/Heim Translation Fund Grant in 2010. Support also came from the English Department and the Dresher Center for the Humanities at the University of Maryland Baltimore County. I would like to express my gratitude to these institutions, as well as to the individuals who helped introduce *Kopenhaga* to the English-speaking world: Sven Birkerts, Joshua Clover, Julia Cohen, Matthew Cooperman, Jordan Davis, Stephanie G'Schwind, Gabriel Gudding, H.L. Hix, Marit MacArthur, Marjorie Perloff, Andrea Rexilius, Sevinç Türkkan, Molly Warsh, and David Weiss. Bill Martin at Zephyr Press was an early champion of this project and he made many improvements to it. I also appreciate Cris Mattison's attentiveness and creativity during the production stage. Thanks to Wojciech Wilczyk for the cover art. Finally, I owe a debt to Grzegorz Wróblewski for his trust in my skills and his patience in answering my queries. Working with him on this translation of *Kopenhaga* has been an inspiration.

Selections from this volume have previously appeared, sometimes in different versions, in the following journals:

AGNI Online: "*Where are you from?*" "More and more foreigners living in Denmark," "There is something strange and indecent," "A young, beautiful woman," "Thirty-seven years," "The greatest gift is Sleep," "How disappointed you must be, my poor wasp," "Darko – my friend from Sarajevo"

[157]

Colorado Review: "My participation in nature and politics?" "What terrifies me in Denmark"

Denver Quarterly: "In Vilnius," "Classics, only the classics," "Cactuses," "Autumn"

The Nation: "What did Clausen see in the sky?"

Seneca Review: "Flemming P. has been fined," "When I close my eyes," "Three bottles with a Danish retiree," "The late Dexter Gordon," "*Prince is the Mozart of our times!*" "A recipe for longevity?" "A benefactor is not a person," "Suomi – Finland," "Jonas Mekas"

 **Grzegorz Wróblewski,** born in 1962 in Gdańsk and raised in Warsaw, has been living in Copenhagen since 1985. He has published ten volumes of poetry and three collections of short prose pieces in Poland; three books of poetry, a book of poetic prose and an experimental novel in Denmark; a book of selected poems in Bosnia-Herzegovina; and a selection of plays. His work has been translated into fifteen languages. His poems in English translation appear in many journals, anthologies, and chapbooks, as well as in two collections *Our Flying Objects* (Equipage Press, 2007) and *A Marzipan Factory* (Otoliths, 2010).

Piotr Gwiazda has published two books of poetry, *Messages* (Pond Road Press, 2012) and *Gagarin Street* (Washington Writers' Publishing House, 2005). He is also the author of *James Merrill and W.H. Auden: Homosexuality and Poetic Influence* (Palgrave Macmillan, 2007). He is an Associate Professor of English at the University of Maryland Baltimore County (UMBC).

Also Available from Zephyr Press
in New Polish Writing

69
MLB
translated by Frank L. Vigoda
$16 / ISBN 978-0-939010-99-8

The Forgotten Keys
Tomasz Różycki
translated by Mira Rosenthal
$14.95 / ISBN 978-0-939010-94-3

Black Square
Tadeusz Dąbrowski
translated by Antonia Lloyd-Jones
$15 / ISBN 978-09832970-3-1

Peregrinary
Eugeniusz Tkaczyszyn-Dycki
translated by Bill Johnston
$14.95 / ISBN 978-0-939010-97-4

Carnivorous Boy Carnivorous Bird
Selected by Marcin Baran
Edited by Anna Skucińska
and Elżbieta Wójcik-Leese
$19.95 / ISBN 978-0-939010-72-1

Salt Monody
Marzanna Kielar
translated by Elżbieta Wójcik-Leese
$14.95 / ISBN 978-0-939010-86-8

Colonies
Tomasz Różycki
translated by Mira Rosenthal
$15 / ISBN 978-09832970-3-1